科学不再可怕

谁抢走了我的绿色

土地荒漠化

燕 子 主编

哈爾濱工業大學出版社
HITP HARBIN INSTITUTE OF TECHNOLOGY PRESS

图书在版编目(CIP)数据

谁抢走了我的绿色 ：土地荒漠化 / 燕子主编. --
哈尔滨 ：哈尔滨工业大学出版社，2017.6
(科学不再可怕)
ISBN 978-7-5603-6295-3

Ⅰ. ①谁… Ⅱ. ①燕… Ⅲ. ①土地荒漠化 - 儿童读物
Ⅳ. ①F301.24-49

中国版本图书馆 CIP 数据核字（2016）第 270705 号

科学不再可怕

谁抢走了我的绿色——土地荒漠化

策划编辑	甄淼淼
责任编辑	刘　瑶
文字编辑	张　萍　白　翎
装帧设计	麦田图文
美术设计	Suvi zhao　蓝图
出版发行	哈尔滨工业大学出版社
社　　址	哈尔滨市南岗区复华四道街 10 号　邮编 150006
传　　真	0451-86414049
网　　址	http://hitpress.hit.edu.cn
印　　刷	哈尔滨市石桥印务有限公司
开　　本	710mm × 1000mm　1/16　印张 10　字数 103 千字
版　　次	2017 年 6 月第 1 版　2017 年 6 月第 1 次印刷
书　　号	ISBN 978-7-5603-6295-3
定　　价	28.80元

引言

一则新闻，让卡克鲁亚博士皱起了眉头——又发生了一起案件。

是什么样的新闻，让我们睿智、开朗、幽默的博士陷入了沉思呢？

博士站在窗前，夕阳的余晖即将落下，窗外已是华灯初上。博士转身走到电脑前，点开一些文件。

电脑屏幕上一张张荒漠的图片，隐约可见其中一些有着废墟样的遗址。一张美丽的颇具异域风情的少女照片定格在了电脑屏幕上，博士忍不住回头望了望窗外的城市，夜幕降临，城市的夜景在各种灯光的映射下显得格外绚烂。

博士再次回过头来，看着屏幕上少女的图片，“如此美丽的城市，不能让它再和你曾经的家有一样的命运了！”

现在，你是不是很好奇那美丽的少女究竟是谁呢？还有那则让博士皱起眉头的新闻究竟讲了怎样的案件呢？

让我们跟随博士，一起踏上寻找真相的旅程吧！

目录

揭开荒漠化的真面目

地球生物的另类——人

完美沙漠——荒漠化冲刺的终点

目录

目录

地球只有一个，
请爱护我们的绿色家园。

疯狂的沙漠探险

说到探险，有一个地方是必须要说的，那就是沙漠。

抬起头，望向远方，是不是仿佛看到了那遥远之地的大沙漠呢？

也许你会说，一个到处是沙子的地方，有什么好玩的？

就是这个到处是沙子的地方，却吸引了无数探险家冒死前往。因此才说，探险不只是玩儿那么简单的事。

你别以为这话是吓唬人的，看了下面的故事，你就会对探险有一些新的认识。

廷巴克图的诱惑

据说早在200多年前，一个叫廷巴克图的地方深深地吸引了好奇的欧洲人。

其实这个地方具体是什么样，他们并不了解，但传说那里遍地是黄金。而黄金对人们来说总是充满了诱惑。

作为有着航海传统的欧洲人，对本土之外的世界总是充满了好奇，于是在诸多梦幻般传说的鼓舞下，1796 年，英国皇家学会派遣一位名叫帕克的人踏上了寻找廷巴克图之旅。

一个医生的冒险

帕克原本是苏格兰的一位医生。放着好好的医生不当，偏偏要跑到遥远的非洲，去寻找一个仅仅是“传说”的地方。现在，你是不是又在琢磨，这个廷巴克图难道真的有黄金吗？否则一个医生怎么说去就去了？难道他疯了吗？

他当然没有疯，但也很难说，看看他之后的经历，你再自己判断吧。

让我们来看看这位医生，现如今又多了个探险家头衔的帕克，出发前都准备了些什么？

男仆一名，还有一些布匹、小刀、火药等。

现在还真觉得他有点儿傻得天真。我们都知道男仆是干什么的，可是这些乱七八糟的小玩意儿是做什么的呀？

这些当然是我们这位可爱的医生用来贿赂当地人的物品。

你是不是很疑惑，难道当地人这么容易被收买吗？

当然不是。很快，他也知道自己的这些想法有多幼稚了。不知道是当地的“领导”（酋长）太贪心，还是太实在了，总之到最后，连帕克医生身上的大衣都被酋长笑呵呵地扒走了。

这还不算最严重的事，后面还有更厉害的呢！

带来的东西都没有了，帕克只剩下一匹奄奄一息的马，他自己也是又饿又累，疲惫不堪，26 岁的他绝望了。

算他命大，这次他竟然被人救下来，总算是逃过一劫。

特别注意

去任何地方探险，都要和当地人处好关系。一来可以获得当地人的帮助，二来即便当地人不帮助你，至少也不会成为你的敌人。不仅要尊重当地的习俗，还要尽量和当地人的穿着打扮保持一致，因为他们的那些古怪打扮，都是世世代代总结出来的经验。

命丧非洲

不甘心的帕克在 1805 年再次踏上了寻找廷巴克图之路。这次出发，他壮志雄心，因为比起上一次的探险，这次他的队伍可谓“壮大”，有 35 名全副武装的英国士兵跟随！

帕克大概是觉得“人多势众”吧，他总是不好好和当地人打交道。在人家的地盘上耀武扬威，这可不是什么聪明的举动，搞得当地人对他很有敌意。虽然比之前的一个男仆多了 34 人，可和当地人比起来还是太少了。

眼看同伴逐渐减少，直至剩下最后一人。

完蛋了，这回真是穷途末路了。

在万不得已的情况下，他俩抢了一只独木舟，顺着尼日尔河漂流。

遗憾的是，中途他们再次和当地人发生了冲突。子弹打完了，他和同伴纵身跳进了尼日尔河。

还真是壮烈，但代价却是生命。

一个帕克到死都不知道的遗憾是，就在他们顺尼日尔河漂流的时候，与他的梦想之地——廷巴克图擦肩而过。

他要是知道这个，估计就死不瞑目了。

沙漠里那么热，可生活在那里的阿拉伯人，一个个从头到脚，捂得严严实实，那是因为沙漠的酷热和暴晒会灼伤人的皮肤。还有那随时驾临的可怕沙暴，风裹挟着沙子打到皮肤上，简直跟刀割似的。只有捂得严实，才能防晒防沙。那装束不但严实，而且多是白色，因为白色能更多地反射阳光，吸收的热量就少了。

廷巴克图的真面目

廷巴克图这个地方到底有什么好玩的？

就是这么一个地方，竟然让探险家们前赴后继，他们有的死在中途，有的终于到达终点——廷巴克图。但这时候，他们早已是伤痕累累，用狼狈不堪来形容，已经显得远远不够了。

到达此地不等于实现梦想，有些到达者，最后却因为和当

地人在宗教信仰上的冲突而被杀死，尸体也被扔到沙漠里喂了秃鹫。

不会是自己还饿着肚子，就去给秃鹫当早餐了吧？可怜的家伙。

看到了吧，探险不仅要耐得住路途艰辛，还要有着非凡的沟通能力。或者说，挺住环境的“严刑拷打”的同时，还要想办法和当地人处得好，处得巧妙。

是不是还真是有些难度？

幸运的法国小伙子

和之前那些不幸的探险家相比，一个法国小伙子算是幸运的，不过他可是耍了些小手段的！

在前往廷巴克图的路上，他一直把自己包裹得严严实实，像个当地人似的。他还口口声声说自己实际是个埃及人，从小就被绑架到了法国，现在他终于可以重返故乡了！这样的谎言，当然是为了

掩盖他那古怪的口音。另外，那“不幸”的遭遇，多少可以博得点儿同情哦。

他极尽所能地伪装，是他成功的第一步。但是非洲那些奇奇怪怪的疾病，他还是没能躲过去。病得严重的时候，他能吐出一块块的牙床骨。

幸运的是，他终于熬了过去，这期间也得到了当地人的帮助。他总算是见到了日思夜想的廷巴克图，但是这里却并没有他想象的那样，遍地是黄金。

但他依然是幸运的，因为他活着到了这里，而且活着离开了。不过当他终于回到位于摩洛哥丹吉尔市的法国领事馆门前的时候，等待他的不是迎接英雄凯旋的鲜花和掌声，而是被当成乞丐撵了出来。这也难怪，一个衣衫褴褛、一脸病容的家伙，如果你看见他当时的样子，也一定认为他是个乞丐！

还好，他终于回到了法国。虽然他如愿以偿地拿到了探险奖金，但还是有很多人根本不相信他的经历，认为他所讲的一切，不过是为了骗取奖金而编出来的故事而已。

对于他的经历我们不难理解，因为在那个时代，没有相机，没有手机，没有一切可以佐证的证据，有的只是他为了躲避当地人的目光，写在《古兰经》空白处的笔记。他还是聪明的，带着《古兰经》，可以向当地人表示，我们信仰一致。如果看到他捧着经书诵经的样子，大概那些人都会感叹——真是个虔诚的家伙啊！

好了，现在我们就把思绪从遥远的非洲转移到中国的大西北吧。

你是不是有点跟不上节奏了，非洲到中国，这跨度也太大了吧。

的确跨度是大了点，但关系却还是很紧密的。因为有沙漠的地方，就总会有热情的访客，他们有一个共同的名字——探险家。

卡克鲁亚笔记

尽管如今的廷巴克图已经远不像古代那样繁华，但通过那些遗留下来的，修复于16世纪的古建筑，你依然可以想象古代时它曾经的辉煌。那古老的桑科尔大学，还有津宗里贝尔大清真寺，即便是现在看，还是风采依旧。沙漠的风沙是所有建筑的“敌人”，如何抵御风沙，是这些人类文明宝贵遗产能否继续存在的关键。

一个瑞典人的塔克拉玛干之旅

“奢华”却不充分的准备

又一个探险家要跃跃欲试地奔赴沙漠！

当地人听说这个外国人竟然打算穿越塔克拉玛干沙漠的时候，一个个脑袋摇得跟拨浪鼓似的。

要知道，塔克拉玛干，维吾尔语的意思可是“有去无回”啊！

然而，这位名叫斯文·赫定的瑞典人，面对世代居住在此地的人们的善意劝阻，却不为所动。他大老远从瑞典跑来，不就是想进入塔克拉玛干沙漠吗？都到跟前了，怎么能打退堂鼓呢？

这位老兄，还真不是人如其名，一点都不“斯文”。

他准备了八峰骆驼、两条狗、三只羊、一只公鸡和十只母鸡。

骆驼，当然是沙漠中的交通工具，这两条狗是干什么的？羊自然可以当作食物，鸡也可以当作食物，可这一只公鸡和十只母鸡的搭

特别提示

如果你身处炎热的沙漠，即便不渴，也要坚持喝水。为了保证不脱水，每天最少也要喝9升水！（水的密度为1千克／升，也就是9千克的水。要是你还不知道是多少，想想我们平时最常喝的手握得住的瓶装饮料，一般都是500毫升，18瓶）不仅要多喝水，还要会喝水——一小口一小口地喝。不是让你假装斯文，是因为大口喝水不仅浪费，而且容易得病。

配，莫非他是要这些鸡在路上繁殖，生出更多的小鸡来吗？

当然，仅仅这些还是不够的，他还准备了够一行人吃三四个月的粮食，还有御寒的衣服。

还有什么？当然，为了以防不测，还有长枪和短枪共九只，还有一些测绘用的仪器。总之，比起前面讲的那些人，斯文先生的装备真是够“奢华”的了。

你有没有发现这里面提到了这么多东西，竟然没有在沙漠里极其重要的东西——水！

我们的斯文先生千算万算，最后还是没有带够饮用水。你一定为他担心不已吧。

要知道就少这一样东西，足以让之前那些所有的食物，所有优良的装备，统统作废！

怎么？你不信？那咱们就走着瞧吧！

1895年4月10日，我们的斯文先生带着这些“精心”准备的东西，踏上了挺进塔克拉玛干沙漠的征途！

水的恶作剧

果然，探险队在穿越叶尔羌河与和田河之间的沙漠时，悲剧产生了，没水了！眼看着又是鸡又是羊的，就是没有水。

我们平时半天不喝水都渴得受不了。在沙漠里，气候干燥，再不及时补充水，后果自己慢慢想吧。

倒霉的鸡和羊们，从填饱肚子的东西变成了解渴的东西。如何用它们解渴？那自然是它们的血了。只是当人们把鸡的脑袋割掉，还没来得及喝一口鸡血呢，那鸡血立刻就凝固了。

苦命的鸡，就这么白白牺牲了。

接下来怎么办？于是，骆驼的尿和自己的尿就都成了“饮料”。

不对，应该咬舌发音——“饮尿”！

哦，很贴切。

不管他们为了什么大老远跑来中国，或者是之后做了些什么，

特别提示

沙漠里，在断水的情况下，喝自己的尿，也是一种很好的方式。哎呀，本来喝尿就挺让人别扭，又因为长时间没喝水，这尿变得黄黄的，还有点浓。好了！别觉得恶心，这是绝对正确的选择！生死关头，保命才是最重要的，你还顾得上恶心不恶心吗？

但无论如何，还是要佩服这些人的毅力。在如此艰难的条件下，他们几乎就是“望梅止渴”地支撑着奔向和田河——水的希望。

然而，当他们终于到了和田河的时候，竟然发现这条河实际是季节性河流！他们到的时候，正好是枯水期。

这不啻为晴天霹雳，想想，那最后的希望破灭了，他们真是崩溃了。

特别提示

在枯水期一滴水都没有的季节性河流，到了丰水季节，不仅有水能形成河流，甚至有可能会洪水泛滥。看到波涛汹涌的一条季节河，你大概无论如何也想不到，它会有一滴水都没有的时候吧。季节性河流主要分布在内陆沙漠地带，或者是沙漠的边缘地带。中国最著名的季节河是塔里木河。

但这些家伙还真是幸运，他们竟然发现了一处地下涌出的泉水。

真可谓“天无绝人之路”啊！

这次行程让他们丧失了全部的骆驼，牺牲了两个人，还遗失了相机和很多底片，但能逃过这一劫，斯文先生还是非常幸运的。

这教训真是足够刻骨铭心呀！这回斯文先生该老老实实地待在瑞典了吧？

你又猜错了！第二年的一月份，实际也就过了八个月的时间，

他又启程了！

这次之所以选择在冬季出发，竟然是因为冬天可以携带冰块——固体水。可见上次的教训足够深刻，让斯文先生对水的重视排到了第一位！

之后，斯文先生又陆陆续续地在塔克拉玛干进出了好多次。但让他声名远扬的，却是 1900 年的那次塔克拉玛干之行，因为他竟然意外地发现了一座谜一般消失了的古城。

意外？有多意外啊？

继续看吧。

你不知道的

塔克拉玛干沙漠是世界上大型沙漠俱乐部的十大巨头中的老七。位于中国新疆塔里木盆地，面积是 32.7 万平方千米，是世界上流动沙丘面积最大的沙漠。2008 年，这里竟然连续下了 11 天的雪！这可是塔克拉玛干有史以来最大的一次降雪。沙漠中出现如此大规模的降雪的确罕见，即便是冷沙漠。

谜城

眺望远方是一种很好的休息方式。一口醇香的咖啡，让我们暂时离开那些热闹而刺激的探险。

是的，有些话题总是不免让性情开朗的我们陷入沉思。好在我们总是能迅速调节情绪，尽快回到我们熟悉的那个幽默且不乏智慧的状态。

谜案！现在就来说说谜案吧。

下面就从“千年古城再现世界”这桩案子说起吧。既然是“再现”，前提自然是有过一段“消失”的历史了。

楼兰消失之谜

就说前面提到的瑞典人斯文·赫定，1900 年，当他再次来到了塔克拉玛干的罗布泊时，竟然在一个很偶然的情况下，找到了消失很久的古城——楼兰。

你一定很好奇，到底有多偶然呢？

一把丢失的斧头

别误会，不是要调查斧头丢失案。

说是偶然，但其中也包含着必然。这句话你可以这样理解，要是斯文不去那个地方，在家里老实待着，有多少偶然，也落不到他的头上！

一天，当斯文一行人在罗布泊考察的时候，维吾尔族向导丢失了斧头(也可能是铲子，总之就是一件工具)。在寻找斧头的时候，突然刮起了沙尘暴，当时这位向导真是急晕了，根本就是找不到北的状态。当沙尘暴过去后，他竟然发现自己身处一座古代城堡的废墟中。

向导回来后把他的发现对斯文说了，斯文先生立刻前去查看，发

现那里到处散布着木雕、织物、古钱币。

说到这里，你是不是已经想象到斯文先生当时那欣喜若狂的表情了呢？简直是穿越，对，用这个词再恰当不过了。

在对发现的文书和各种文物进行鉴定之后得出结论，这里就是消失了很久的古国楼兰。

现在就来说说那重见天日的古国楼兰。

历史上曾经辉煌的城市

楼兰，听着是不是有些耳熟呢？

你一定想起来了，语文老师一定讲过“黄沙百战穿金甲，不破楼兰终不还！”王昌龄的诗，够气势！还有李白的“愿将腰下剑，直为斩楼兰”。

没错，只不过对他们来说，楼兰已经是传说了。

别忘了，他们可都是唐朝人呀。

事实就是这样，还记得《西游记》中的唐僧——玄奘和尚西去取经路过此地的时候，这里已经是荒凉一片了。对于唐朝人来说，楼兰真的仅仅是个地名，一个边塞的象征。

现如今的楼兰古城遗址，位于新疆巴音郭楞蒙古族自治州若羌县，罗布泊以西。无非是断断续续的墙垣，那曾经的辉煌早已隐没于那一望无际的黄沙中了。

既然早就消失了，真是难以理解，那么大诗人李白又是怎么知道这个地方存在过呢？

那当然是因为有历史文字记载的。在遗留下来的汉字记载中，

这个名字最早被提到的时间是公元前176年。那个时候是历史上的汉朝，有外族首领(单于)给当时的汉文帝的信中提到了“楼兰”。

后来，汉文帝派张骞出使西域，张骞当然也去了楼兰。他在给朝廷的报告中写道：“楼兰，姑师，邑有城郭，临盐泽。”这里提到的盐泽，就是咸水湖罗布泊。

楼兰曾经是著名的丝绸之路的必经之地。想想那些来来往往的商人纷纷在这里休息，当然要吃、要住，这都是要花银子的，怎么可能不热闹、不繁荣！

然而,到了公元4世纪后,这个楼兰古国竟然神秘地消失了,直到1900年斯文先生发现了它,才让它重见天日。

▶谜案第一宗:楼兰消失之谜

古城是消失了,可在那附近却有着一座“魔鬼城”。不必害怕,那不是城市,而是雅丹地貌的别称。雅丹,在维吾尔语里是“险峻的土丘”的意思。现如今,这个词已经成了一个专有地理名词,指一种风蚀地貌。不过,那风蚀作用和间歇性流水的冲刷还真是鬼斧神工,瞧那些壮观诡异的“城堡”,风吹过时,你似乎能听到里面有人的声音。

轰动世界的楼兰美女

还记得博士电脑里那张美丽少女的图片吗?

那其实是位3 000多年前的女性!

你一定不相信,怎么可能?

不要瞠目结舌,事实是:1980年,考古界发生了一件轰动世界的大事,一个来自3 000多年前的美女在罗布泊现身。

你是不是以为真的穿越了?

如果你那样认为就大错特错了,这位美女是一具出土完好的女性尸体。

更让人惊奇的是，她的面部轮廓清晰，甚至皮肤还有弹性！长发披肩，眼窝深深的，鼻梁高高的，闭着的眼睛上那长长的睫毛，仿佛她只是睡着了似的。要知道，通常从古墓里出土的人，仅剩下骨骸了。

哦，因为这个才轰动世界的吧。不过，这长相可不太像普通中国人的样子。

科学家对她身上穿的羊皮做了碳 14 鉴定，证明她来自 3 800 年前！

啊！那岂不是说，楼兰古城消失之前，这些人至少已经在这里住了。等等，我算算，公元 4 世纪到 1900 年，1 500 年，就是说，她生活在楼兰消失的 2 000 多年前啊！

那这张图片，不会发现她的时候就是这个样子吧？

当然不是，这是用现在的技术根据她的骨骼复原出来的，相似度应该非常高了。她活着的时候应该就是这个样子……这张图片

卡克鲁亚笔记

碳 14 是自然界三种碳同位素之一。叫 14 是因为这三种碳同位素相对原子质量比例是 12:13:14，没错，另外两个当然就叫碳 12 和碳 13 了。碳 14 是个活泼的家伙，喜欢参与自然活动。只要是活着的生命，都会在体内有它的痕迹，而这种参与直到生命结束而终止。终止后，碳 14 开始衰减。根据生命死亡体内碳 14 的含量的衰减程度，可以判断该死亡生命体的年代。

中她身上的衣服，头上的毡帽，还有帽子上插着的雁翎，的确按照她出土时的装束绘制的，这就是举世闻名的“楼兰美女”。

她的样子的确很像白种人。至于她是什么人，怎么会到这里的，尽管研究很多，但终究没有一个令人完全信服的定论。历史上的楼兰消失了，而美丽的楼兰姑娘也和楼兰的消失一样，成了千古之谜。

辉煌文明衰退之谜

谜一样的人和事，总是令人着迷。让我们再看看类似的“案件”吧。

历史上，楼兰这样的事件并不是孤立的事件。仔细看看周遭世界，有没有发现，曾经的文明古国总是无法把灿烂辉煌保持到现在，尽管那里现在还有人生活，但和当年有了很大不同，甚至有些地方的人，早已不再是当年那些人的后代了，比如希腊。此外，还有大量“人去楼空”的遗址，如北美的古普韦布洛人遗址。我们都知道，希腊的民族变迁是因为战争原因，但那些古普韦布洛人为什么要离开家园呢？有考古专家根据其部族世代相传的口述，以及对周边地貌的勘察研究，得出了因乱砍滥伐导致他们居住的环境恶化，进而引发争夺环境资源的内讧，最终导致他们不得不抛弃自己的家园……

古老的埃及文明

古埃及的文明在人类历史上真可谓是辉煌,瞧瞧那些金字塔。同样,埃及也是建在沙漠中。古埃及人是幸运的,因为他们也有一条哺育他们的母亲河——尼罗河。

每年夏天,尼罗河涨水泛滥,河水退去后,留下了肥沃的腐殖质淤泥的土地。这简直是天赐沃土!人们只要种下庄稼,就会有好的收成。那段日子一定是埃及人最幸福的美好时光了。

于是,古埃及法老们全身心地投入到工程浩大的陵墓(金字塔)建设之中。

然而,日子一天天地过去,人类的年龄与漫长的历史,甚至与更漫长的地质年代相比较,实在是太短了,短到人们在自己这

一代根本无法意识到变化。但变化终究会来,你这一代看不出来,儿子这一代也不明显,但到了孙子或者更下一代,变化渐渐就明显了。

终于有一天,人们发现,风失去了往日的温柔,狂躁地裹挟着黄沙袭击着他们的家园。尼罗河不再带给他们肥沃的土地。埃及衰落了。

为什么,埃及人的母亲河竟然抛弃了自己的孩子?

一个个文明的消失

同样依靠大河起家的两河流域文明,建立在美索不达米亚平原上。

这是底格里斯河和幼发拉底河冲积出来的平原,两河流域的苏美尔人创造的文明,同样在人类历史上熠熠生辉。古巴比伦王国早已不在,但它创建的文化至今依旧为人称颂。

各种艺术品、楔形文字、数学、历书、汉谟拉比法典,这些灿若星辰的人类智慧的结晶,还有那被誉为古代七大奇迹之一的古巴比伦空中花园。

现如今,那空中花园早已成为传说,和巴比伦王国一起消失了。

还有古印度文明的衰败,古希腊文明的衰退。

这一个个文明的消失,究竟是什么原因?

▶谜案第二宗:古文明消失之谜

冲积平原,又称泛滥平原,顾名思义,就是由于河流泛滥,上游极速的河水裹挟着大量泥沙冲向下游，当下游的河水流水速度减缓以后，这些泥沙就沉积下来，渐渐地形成了冲积平原。国外著名的冲积平原有亚马逊平原，我国的冲积平原有长江中下游平原、华北平原、宁夏平原。

水的悲歌

亲爱的朋友，听了这些，是不是发现早期的文明多是有一条(甚至两条)河做后盾而发展起来的。即便没有河水，也会有湖水。

水是人类赖以生存的根本，从每日必需的饮用水，到庄稼的种植，家畜的蓄养，都是离不开水的。这就是为什么早期文明都是依水而建，因为方便嘛！

辽阔大湖罗布泊的消失

罗布泊位于中国新疆维吾尔自治区东南部。湖泊，蒙古语的意思是多水汇集之湖。听这个意思就知道，这个大湖曾经是多么浩瀚，想必那里一定是河水流淌、绿树环绕、牛马成群的绿洲。

太久远的就不说了，在 1942 年的时候，罗布泊面积是 3 000 平方千米，1958 年是 2 570 平方千米，1962 年就只有 660 平方千米了。这一个个数据见证着它消失的过程。终于在 1970 年，它彻底从地球上消失了。一个诞生于第三纪末、第四纪初，距今 1 800

万年，曾经面积达 20 000 平方千米以上的罗布泊就这样消失了，和当初曾经在这里生活的楼兰人一样，消失了。

▶谜案第三宗：罗布泊消失之谜

今天的罗布泊一滴水都没有，只剩下望也望不到头的干涸湖盆，除了巨大的盐壳层、风带来的沉积物和沙漠，没有任何生命迹象，已经成为名副其实的地球"旱极"了。

站在这里，你无论如何也想象不出，现如今这一大片盐壳，原来竟然是水草丰美之地！

20世纪七八十年代，在美国宇航局发射的地球资源卫星拍摄的罗布泊的照片上，罗布泊的形状竟酷似人的一只耳朵，从耳轮到耳孔，再到耳垂，无不清晰。自此，罗布泊就多了个外号——地球之耳。

母亲河无泪的哭泣

“黄河之水天上来，奔流到海不复回。”这是唐代大诗人李白对黄河的赞叹。美丽而古老的黄河，是中华民族的发源地。如果当初这里就是山秃秃、水紧张，还会有人选择在这里生活吗?

从洗不清到没得洗

有一句非常著名的谚语——跳进黄河也洗不清！

你要是没去过黄河，还真是无法切身感受这句话的缘由。当你真的有机会把脚踏入黄河，上岸后会发现，沾水的地方比没沾水的地方更加黄了！水干了之后会有一层均匀的泥沙，沾过水的地方和没沾过水的地方相比，就像穿了一双丝袜！

好了，你终于知道跳进黄河真的是洗不清了。但你还要心怀感激和庆幸，因为你还能感知到黄河水的“黄”。

当然不是因为什么丝袜，而是因为你竟然还能感受到黄河水，

卡克鲁亚笔记

黄河不全都是黄的，在它的源头和上游，原来可是绿草茵茵，清水潺潺，一派鸟语花香的景象。黄河变黄，是因为走出清澈地带后进入了黄土高原。

哪怕是浑浊的。

黄河，曾经孕育出我们华夏五千年文明历史的黄河，竟然在1972年开始发生断流了。

我们的母亲河，究竟怎么了？

这仅仅是个开始，在随后的25年里，黄河竟然有19年出现断流。自1987年以来，黄河断流时间不断提前，范围不断扩大，几乎年年出现断流。

从记录看，1995年，地处河口段的利津水文站，断流长达122天，断流总长度达683千米，占黄河下游(花园口以下)河道长度的80%以上。1997年，断流竟然达到了226天！

此时你一定担心那些依靠黄河水生产和生活的人？

不仅如此，污染问题变得更加严重，从而导致环境更加恶化。这个不难理解，你往大海里扔一把土，是不会有任何变化的。可是，你往一盆水里扔一把土试试？

更严重的是，断流导致原来的小水灾变成大水灾，土壤也更加贫瘠了。

真的感觉我们的母亲河已经筋疲力尽了。

▶谜案第四宗：黄河断流

悬河，顾名思义，就是河床高出两岸的地面，"悬"在了那里，看着真是很悬啊！你想，一条河要是比两岸高，涨水的时候，即便不决堤，水多了也会漫出来的。要是决堤的话，没涨大水，也还是泛滥了。黄河就有很长一段属于悬河。

黄河源头三江源的情况堪忧。一些地方满眼都是干涩的黄土，森林稀疏，不能充分发挥其涵养水源及防护功能，也难以抵抗水力、风力的侵蚀。水土流失，植被稀疏，加上坡陡沟深的特殊地貌，这里水土流失日益严重，泥石流灾害时有发生。裸露的荒山荒坡，说明土地沙化面积不断扩大，紧跟着草原严重退化，稀有动植物的种类在减少和消失。

警报、警报、警报……

看到这一连串的“警报”，你是不是觉得耳朵都有些受不了了呢？

我的朋友，倘若几声“警报”就受不了，那这么多触目惊心的案子，还能有胆量看吗？

如果你在博士的“警报”声中堵起了耳朵，嘿嘿，算你歪打正着，不然就会被席卷而来的沙尘暴灌上一耳朵的沙子了！还不快感谢博士的“警报”。

森林警报

森林是土壤的保护神。树带给人们的绝不仅仅是木材。

当大雨倾盆的时候，森林用它的树冠截留了雨量的15%~40%，大大减弱了雨水对土壤的打击和冲刷。

另外，森林中那疏松的腐殖质层和枯枝落叶层，还能吸收贮存大量的水，这就确保土壤有了足够的水分。

它们那些深藏地下的根系也紧紧地抓住了泥土，确保泥土留在自己的“家园”。

树能带给这个地球干净新鲜的空气！否则人们怎么会把那大面积的热带雨林亲切地称作“地球之肺”呢！

然而，带给我们如此巨大价值的森林却在减少。中国在8 000年前，森林的覆盖面积达53%，而今还不到12%。和8 000年前相比，足足少了41%！

谁这么胆大妄为，偷走了我们这么多的森林？

想想，这些森林要是还都在的话，简直是绿色天堂了。

当务之急，还是赶紧看看谁偷走了我们的森林吧。

▶谜案第五宗：消失的森林

森林因为树根密集，让那里的土壤产生了一定空隙而深入土层深处。而且那些昆虫为生活所挖的孔道也能贮水。森林可储存50%~70%的降水，其中一部分水暂存在土壤中，供植物生长，另一部分则渗入地下水中，缓缓流动。这大大减少了地表径流量，防止了水土流失。

草原警报

草在生态系统中占有重要的地位。你可别小看那些草，它们不仅可以降低风速，还可以固定沙流，防止土粒被风吹走。在用绿色覆盖地面的同时，也避免了大雨对地面的直接冲击，因为草的茎和叶直接承受了雨水的袭击，减缓了雨水对大地的伤害。让雨水慢慢地、温柔地渗入到地下。

所以，和森林一样，草原也是保卫大地的卫士。

然而那些曾经的“风吹草低见牛羊”的大草原，现如今却变成了荒芜的沙漠。内蒙古鄂尔多斯草原西南部，曾经有一处水草丰美的地方，就连“一代天骄”成吉思汗当年都称赞这里是“花角金鹿栖息之所，戴胜鸟儿育雏之乡”，然而现如今却是满目疮痍、遍地沙丘。可叹啊，这里已经正式成为毛乌素沙漠中的一员了。

草本植物的根系能分泌有机酸和有机化合物，可以加速土壤中无机物的分解，便于植物吸收营养元素，加快土壤肥沃的速度。那些残根枯叶腐烂后，还可以提高土壤肥力，增强土壤抗侵蚀能力以及渗水和保水的性能。

卡克鲁亚笔记

毛乌素沙漠位于陕西榆林和内蒙古伊克昭盟（现改名为鄂尔多斯市）之间的鄂尔多斯高原中心，是中国第五大沙漠。

▶谜案第六宗：究竟是谁吞噬了我们的草原

在我们赖以生存的森林、草原、优质的土地，还有那些大湖正在减少甚至已经消失的时候，有一个可怕的家伙越来越嚣张起来。

嚣张的沙尘暴

沙尘暴来了！快跑啊！

可我们跑得过它吗？

越来越多的沙尘暴正在向我们逼近。

这个嚣张的家伙竟然长途跋涉，突袭到了我们的大城市。我们要是有它那样的“勇猛”和长途奔袭的耐力，真是没有干不成的事了。

▶谜案第七宗：沙尘暴

沙尘暴原本是一种自然现象，古已有之。而今天的问题是，它是如何变得如此嚣张的呢？

自然曾经给过我们人类那么多的好处，现在我们是不是可以为它做点什么呢？准确地说，是为我们人类自己，毕竟我们还生活在地球上。

那就赶紧查案子吧，别浪费时间了！

你不知道的

中国境内发生的沙尘暴，竟然大多数是“非法越境分子”。没办法，人家不用办护照，海关也阻止不了它入境。这些从蒙古中南部戈壁地区出发的家伙，就那么堂而皇之地进入到了我国境内，并深入腹地，直奔我们的大城市而来。

非洲大旱灾

当你看到这样一组照片，一只瘦得让人不忍直视的小小的、黑色的手，你对"皮包骨"这个词一定有了非常深刻的认识。还有这些呆滞的目光中透着绝望的人们。

如果你正在跟博士一起看这些照片，恐怕会想逃开，不想再看下去了。刚才的"警报"让你要捂住耳朵，现在面对这些照片，恐怕就要捂住眼睛了吧。

如此可怕和沉重的画面，正是我们要说的案件之一。

生态难民

有这样一些人被称为“生态难民”。

这里已经很多年不下雨了，原本就稀缺的绿色，彻底消失了。

人们果腹的粮食也都吃光了。救济站里的食品只够分给 3 000 人，而等待救济的却有 10 万人。每天死亡人数达 100 人。

摇篮里的孩子，饿得已经虚弱到甚至有食物摆在面前都吃不下去了。

这不是故事，也不是电影，而是发生在 1983 年到 1985 年非洲干旱和饥荒时的真实场景。

在巴提难民营，大约 1.6 万人挤在足球场大小、满是帐篷的地方。1983 年 12 月，这个难民营每天死亡人数高达 120 人，其中大多数是身体虚弱的儿童。

难民们成群结队地拥向各处的救济站，但是那里并没有足够的食物和药品。他们终日坐在肮脏的地上，期待分到一点点可怜的食物。白天，他们忍受着高温和暴晒，没有任何东西遮阳；到了夜晚，气温降低，他们又没有足够的御寒用品。大旱使原有的 500 万难民队伍迅速扩大，平均每天增加 3 000 多人。

这次大旱远远超过 1973~1974 年那次造成 30 万人死亡的撒哈

拉大旱。

天啊！这是什么意思？也就是说，在那之前没几年，非洲刚刚发生过大旱灾。

在过去的50多年里，仅仅在非洲就有上百万人不得不背井离乡，寻求生存。他们有一个共同的名字——生态难民。

干旱的非洲

你听过一首叫 *We Are The World* 的歌吗？它之所以能闻名世界，不仅是因为它曲调动听，还因为那是为非洲赈灾举行义演而创作的。由美国已故著名歌星迈克尔·杰克逊和歌星莱昂纳尔·里奇联手打造，中文名叫《天下一家》。很多极负盛名的歌手不计报酬，不计排名先后，参与了这首歌的演唱，哪怕只有一句歌词，甚至仅仅是和声，就是为了让人们了解这场灾难，帮助非洲那些挣扎在生死线上的人。

也许你会说，那时候我还没出生呢！

是的，但是即使是现在听这首歌，还是会让你感动，因为人类的感情始终都是不变的。

古老的非洲真是多灾多难啊！

仅1983~1985年非洲发生大干旱导致的大饥荒，就让1.5亿到1.85亿人身陷饥饿和疾病之中。

据国际组织统计，仅 1983 年，非洲就有 1 600 万人死于饥饿或与营养不良有关的疾病。

别忘了，在此之前的 20 世纪 60 年代末 70 年代初，非洲的撒哈拉大干旱，就曾造成了 30 万人死亡。

然而灾难的脚步并没有就此打住，从 1991 年开始，非洲又不断地发生干旱和旱灾。据联合国于 1992 年 7 月 24 日报告称，非洲撒哈拉周围国家有近 4 000 万人由于干旱和内战而面临饥饿的威胁。索马里有 30 万人死于饥荒，100 万人流落他乡。

与此同时，南部非洲也出现了 20 世纪最严重的旱灾，大多数国家的谷物收获量减少一半。

谜案第八宗：非洲大旱灾

究竟是什么造成了人类如此多的灾难呢？表面看是大旱，可是又是什么原因导致了大旱呢？

如果你觉得太沉重了，那我们先换个话题好了！

如果你真被吓到了，那还怎么分析案情呢？接下来，我们要把每个案情好好地分析一下，看看究竟是什么原因导致这些案件的发生。

你不知道的

关于生态难民的出现，主要有四个原因：温室效应引起海平面上升、土地荒漠化扩大、严重的干旱和水资源缺乏、自然灾害和重大事故；海平面上升，吞没那些有居民居住的岛屿，居民被迫离开；灾害事故导致不得不搬家；干旱、水资源缺乏，荒漠化扩大。

解读楼兰消失之谜

关于楼兰古国消失的原因，真可谓众说纷纭。

有战争灭国说、生态恶化说，也有说丝绸之路改道，不再途经楼兰，导致楼兰的衰落。另外，还有说是被瘟疫疾病毁灭，被外来生物侵占家园，被迫离开等。

所说的外来生物不会是指外星人吧？这么多的说法，听起来有些云山雾罩的感觉，感觉真的是个谜了。

解读谜案第一宗——楼兰消失之谜

关于楼兰消失的原因，说法很多，其中比较可信的有两个。

自然原因

▶气候变化——全球气候旱化

在新石器时代，人类就来到了楼兰。随着青铜器时代的到来，这里已是人口繁盛。这时候恰好是地球的高温期(距今 8 000 年到 3 000 年)，此时的罗布泊的湖面宽阔，有水的时候，永远是人类的好日子。

随之而来的，就是降温期(距今 3 000 年至今)。环境开始变得越来越差，水的来源随着河流的减少、湖泊的缩水，自然是减少了很多。沙漠面积开始越来越大。(注意，有“疑犯”现身)

楼兰消失的时间，大约是公元前后到公元 4 世纪的时候，这正

卡克鲁亚笔记

同时和随后一段时间里，像楼兰一样消失的古城还有尼雅、喀拉墩、米兰城、可汗城、统万城等。

好是旱化加剧的时期。如此在时间上的吻合，有这样的推断，也就成了顺理成章的事情。（注意，“旱”也很可疑）

咦？同样的时代，不是还有很多地方都保存下来了吗？

那是因为楼兰深处干旱内陆，同样发生自然变化的时候，内陆干旱地区的状况会更加糟糕。

▶地理变化——青藏高原隆起

在距今 8 万到 7万年前，青藏高原快速隆起，仿佛一堵高高的墙把太平洋和印度洋的暖湿气流全部挡住了。楼兰所处的罗布泊地区成了真正意义上的内陆，完全失去了暖湿气流的“外援”。

解读谜案第二宗——古文明消失之谜

埃及是四大文明古国之一。那里曾经土地肥沃，森林茂密，但是现在却看不到这样美好的景象了。狂风裹挟着黄沙肆虐横行，肥沃的土地开始荒漠化……黄沙为什么占了上风？阻拦风沙的森林呢？

两河流域原本也是一片沃土，最后却因战乱频繁，烽火迭起，导致水利失修，灌渠堵塞。再加上无休止地砍伐森林和过度放牧，终于让这里沦为贫瘠之地。最终，一度辉煌无比的古巴比伦王国从地球上消失，沉睡在流沙之中。

翻阅其他那些类似的文明古国的遭遇，竟然和上面的原因如此相似。不可否认，这些地区的变化，也包含很多自然因素，但是人

类在其中起到了非常大的副作用！

这也正是“谜案第二宗”的谜底！

解读谜案第三宗——罗布泊消失之谜

说到楼兰，就不得不说说罗布泊了，因为它们的关系太密切了。楼兰人曾经仰仗罗布泊生活，那么罗布泊缩水的自然原因，也就和上面所说的楼兰消失的自然原因相同，这里就不必重复了。

那还有什么可疑“人物”呢？接下来登场的就是另一个重大“疑犯”了。

人类过度开发加速罗布泊消亡

曾经的楼兰地区，繁华热闹。人类活动所需要的一切，都从自然中获取。搞建设，要用木材吧。原本荒原上的绿洲，就是那么珍贵且脆弱，加上人类大刀阔斧地开发，让原本好不容易生长起来的树木和芦苇很快耗尽。

仅仅是生活上的折腾还不够，人类时不常还要来点战争，折腾人类自己的时候，对自然的伤害更是变本加厉了。

最终，在罗布泊的缩水中，楼兰古城还是消失了。

之前提到的瑞典人斯文·赫定认为罗布泊是个“游移湖”，他确信罗布泊用 1 500 年的时间，从南到北，再从北到南“溜达”一个来回。他的观点是注入罗布泊的河水带来大量泥沙，沉积后把湖底抬高，导致湖水顺坡而流，出现移动现象。就好比你端着一盆水，然后左右倾斜，水就从这边到那边，再从那边到这边，这一观点曾经得到了广泛认可，不过经过我国科考人员的考察，罗布泊并不是移动的湖。

罗布泊的终结者——人类

楼兰曾经的模样，我们无法亲见，只能从考古界的各家分析中了解大概。

对于罗布泊，我们的记录详

细，有凭有据，应该不再仅仅是分析了。

1942 年的时候，罗布泊湖水面积还是 3 000 平方千米，1958 年是 2 570 平方千米，到了 1962 年就只有 660 平方千米了，直至 1970 年彻底干涸。

不要以为一定是外星来了口渴怪兽，把水喝没了。

有怪兽也不是外星来的，地球上就有现成的。

罗布泊和塔里木河息息相关，因为河水流入湖泊。然而几十年前，大批内地人迁到这里垦荒，导致塔里木河两岸人口剧增。

突然增加的人口，耕地要用水，开采矿藏需要水，塔里木河就要不断地付出它的水。耕地大量用水，给！修建水库需要截水，那就截吧。还有掘堤引水、建泵站抽水，结果塔里木河 320 千米的河道干涸，长度急剧缩短 300 千米。于是，罗布泊的水源补给断了。

最终，罗布泊成了一个干湖。这个蒙语为“多水汇入之湖”的大家伙，就这么消失在大漠之中了。

寻找古城

综上所述，我们可以锁定，导致楼兰、罗布泊以及世界上那些著名古文明消失的“嫌犯”就是自然和人类。而在这其中，人类有着不可推卸的责任。

尽管我们无法改变自然，但是至少我们可以不伤害它。要知道，伤害自然的代价，最后还是要由人类自己来埋单！

你不知道的

罗布泊干涸后，周围生态环境紧接着就发生了巨变，草全部枯死，连“沙漠英雄”胡杨树也成片死亡，沙漠极速向罗布泊挺进，广阔无垠的塔克拉玛干沙漠迅速把罗布泊融入体内。罗布泊从此成了寸草不生的“死亡之海”。

黄河断流

有一件事必须“澄清”一下，黄河并不一直是黄的，在它的源头，同样是清流潺潺。之所以成了黄色，是因为在流经黄土高原后，泥沙和水搅和在了一起，滚滚而下。

如果这个“澄清”能真的让黄河变清，那可真是太美好了。

这个遐想的确挺美妙的。好了，还是让我们来看看导致黄河断流的罪魁祸首吧。

解读谜案第四宗——黄河断流

自然原因

▶降水量减少

降水量减少是黄河断流最主要的自然原因，而降水又直接受气候变化的影响。

哦，看来这断流的第一个“凶手”还是自然原因了。

综合各种情况可细分为以下几种——太阳辐射、太阳黑子、间

冰期、大气层透明度变化及流域状况。

太阳辐射输出量的改变会导致地球气候变化，进而导致河流河床的变化。同样，太阳黑子的变化也会影响地球气候的变化，如 1997 年的黄河断流最为严重，那段时间正处于太阳黑子两个极值年之间。当今世界正处于第四纪大冰期的亚间冰期，属于气温逐年上升，降水量下降的地质时期。此外，地球接受的太阳辐射量会受大气层透明度的影响，故而大气层透明度也同样影响着地球气候的变化，从而对河床变化起到影响。河流径流的补给，更是影响干流年径流量的重要因素，所以整个河流流域的气候变化，会对干流的水量起到至关重要的作用。

▶下游补给出了问题

黄河下游流经华北平原时，河床是挺宽的，水流却很缓慢，结果,那些裹挟其中的、让清水变黄的泥沙就都在这里“休息”了(淤积),成了世界上著名的地上河(悬河)。

你是不是认为也许是黄河之前咆哮得太猛烈了,才“休息”的。

结果,这段“高高在上”的黄河不仅得不到两岸地下含水层的补给,反而要将自己的水下渗补给地下含水层,而且越是干旱,下渗越严重。

▶上中游降水量减少

黄河径流主要来自上中游以降水补给为主的地表径流与地下径流,流域内降水量的下降直接减少了径流的水源补给量。

就这些吗?看起来没什么特别的嘛。

别急,接下来才是“重要人物”出场的时候。

人为原因

黄河既然是古老文明的发源地，那就意味着人类在此活动频繁，对植被的破坏力强大。曾经在黄土高原上生长的茂密森林，在唐宋以后遭到了毁灭性的破坏。现在估计很难在黄土高原上看到成片的树林了。

树是掌控土壤的“高手”，没了这些“手”抓住土壤，来点水就得把土壤冲走了。同时，蓄水性和保水性能也大大降低，总之，这就是个恶性循环。

卡克鲁亚笔记

水土流失指的是人类在生产活动中，因为没有合理地利用土地，特别是水资源，让原本覆盖土壤的植被遭到破坏，失去了保护的土壤，受到水的冲击侵蚀后，迅速大量失去土壤中最具肥力的那部分，最终只剩下毫无“营养”的岩石。简单地说，就是“真正的土壤”流失掉了。

人类对水资源的不合理利用和对环境的破坏也是黄河断流的主要原因之一。

无论是人口的增长，还是经济的发展，永远都离不开大量的水资源。

如此重要的水，当然免不了大家都来抢。哪里得到的水多，哪里得到的水少，各个地方都从自己的利益出发，想更多地占有水资源。这种不合理分配，势必会导致水资源的浪费。

人口增多，经济发展加速，各种排污事件出现，从各种渠道污染着水体。

听起来怎么像是各种折腾呢！

经济和人口的发展，人类排放二氧化碳的增加，温室效应加剧，加速了气温的升高，蒸发量增大，降水量减少，干旱加剧；还有象征好生活的、备受追捧的汽车的尾气；还有日夜不停地运转的工厂，产品生产出来的同时，废气、废水同时也被排放出来了。

源头枯竭

黄河源头三江源的情况堪忧。一些地方满眼都是干涩的黄土，森林稀疏，不能充分发挥其涵养水源及防护功能，也难以抵抗水力、风力的侵蚀。水土流失，植被稀疏，加上坡陡沟深的特殊地貌，这里水土流失日益严重，泥石流灾害时有发生。裸露

的荒山荒坡，说明土地沙化面积不断扩大，紧跟着草原严重退化，草地稀有动植物的种类在减少和消失。恶劣的环境加上对草地的粗放经营，超载放牧以及人为的破坏，才是这些状况的始作俑者。

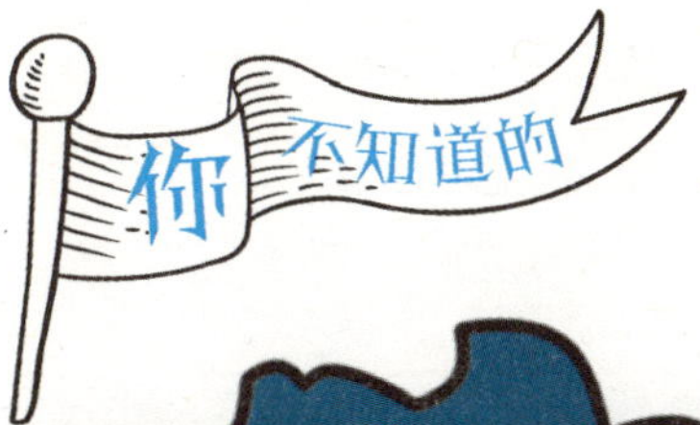

悬河的形成是因为泥沙的淤积，河床太高，人们不得不加高堤岸，河床却还一直在“长个”，最后这条河就悬在空中了。黄河就有近 800 千米的地段属于悬河。有些地段，河床的滩面甚至高出普通地面 10 米。

谁夺走了我们的宝贝

再看看那些正在失去的宝贝吧。

有宝贝？在哪里？你一定惊讶不已吧！

就在你的脚下啊！

不要说哪里？哪里？就是土地呀。

当然是土地了，我们赖以生存的土地，难道不是宝贝吗？

土地在退化

土地退化，通俗地说，就是农作物产量下降，而且以后还会一直下降。原来土地带给我们的丰收将不复存在，甚至颗粒无收。最后，那些能生长植物的土地，都将变成裸露的岩石甚至沙丘。森林、草地，还有我们的良田都没了。那些依靠森林草原生活的动物将难以生存，而同样依赖这些生活的人类，你觉得会怎么样？

你是不是想说，这不是变成荒漠了吗？

对，土地退化就是荒漠化的序曲。土地退化，就意味着荒漠化

来了。

土地退化概念中的“土地”，不仅仅限于土壤，还包括陆地表层全部自然要素互相作用形成的自然综合体。想想地上那些对我们有用的东西，就知道我们将失去什么了。

人类的活动总是有着很多“过度”——过度放牧、过度耕种，土地总是得不到休息，只能退化。另一个可疑对象——土壤盐渍化（荒漠化的一个前提），竟然是由于不合理的灌溉引起的。还有就是砍伐森林。

灌溉和砍伐？这不都是人类干的！

特别注意

盐渍化是指在种植作物过程中，为保证作物生长，人们需要给地灌水，但这种只灌水不排水的做法导致地下水上升，带出来的地下的盐碱经过强烈的蒸发后，水“飞”走了，盐碱就留在了土地表面，这里的土地就此盐渍化了。

解读谜案第五宗——消失的森林

三大原因

▶森林火灾——1949年以来，中国平均每年发生森林火灾1.5万次，灾害面积100多万公顷，仅仅1987年大兴安岭林区的大火，就给那里毁灭性的打击，有101万公顷地面着过火，其中林地面积70多万公顷。（这其中有自然火，但绝对不乏人为火。人类又成了“嫌犯”）

▶虫灾——仅1989年就高达1 100万公顷森林遭受虫灾。

▶人类的乱砍滥伐——这个要远远超过自然灾害对森林的毁坏。

竟然又是砍伐森林，真想这件事是外星人或者是其他动物干的。可惜，只有人类才能干得出来。

解读谜案第六宗——究竟是谁吞噬了我们的草原

被称为"软黄金"的山羊绒之所以珍贵，是因为它的产量极其稀少。它并不是山羊身上所有的毛，而仅仅是山羊粗毛根部的一层薄薄的细绒。所以，山羊绒属于稀有的特种动物纤维。因为它的保暖性和轻薄以及昂贵而备受追捧。但出产此物的山羊却是十足的植被破坏者，因为它进食的时候，不仅仅吃地表的草，还把地下的草根破坏掉。这种进食特点，对草原来说无疑是一种灾难。

"软黄金"，一听这名字，肯定有人趋之若鹜。大家肯定是抢着养这种产"黄金"的山羊，一直放牧还不让草原休息，最后草原就被山羊吃光了。说白了，还是被人类给"吃"光了。对不对？

很对，尽管这只是草原消失的原因之一，但不可否认，这种过度放牧是普遍存在的现象。即便放的不是山羊。

你是不是期待还有什么大案要揭底？

哦，就是你不忍直视的那些非洲难民，那些因为干旱而无家可归的人。

哦，“第七宗”，不过那个案子太明显了，罪魁祸首就是干旱呢！

对，就是干旱，这个荒漠化的孪生兄弟。

你不知道的

还记得非洲那些可怕的旱灾吗？正是那一次次的旱灾，让人不断反省自己，究竟是什么让人类赖以生存的土壤的生产力极度下降，甚至完全丧失？大风吹蚀、流水侵蚀、土壤盐渍化等凶手渐渐露出原形的同时，一个叫荒漠化的家伙，越来越让我们认识到它对人类犯下的罪行。

揭开荒漠化的真面目

烈日暴晒下龟裂的土地，那一道道龟背状的裂缝，好像焦渴的土地张开了干裂的嘴唇，滴一滴水下去，竟然瞬间成为一小缕青烟，土地太渴了！

这土地真是干得冒火啦！

如此多的灾难来袭，究竟是什么原因呢？是谁造成的呢？

荒漠化！

是的，荒漠夺走绿色，可又是谁将这个魔鬼放出来的呢？

究竟什么是荒漠化

富饶的土地和贫瘠的荒漠，就是两个势不两立的家伙，有你没我，有我没你，绝对不会共存。地球上最天然的绿色，当然都是生长在富饶的土地上。荒漠化每前进一步，绿色就会后退一步。

荒漠化究竟是个什么样的家伙？

你一定会说，这个谁不知道啊，荒漠化，就是沙漠化呗！

卡克鲁亚笔记

荒漠化完整（广义）的定义是，在一切人为和自然因素的共同"努力"下，使得原本的干旱、半干旱，甚至半湿润地区的自然环境整体退化的现象。包括干旱、盐渍化、草场退化、水土流失、土壤沙化、沙漠化、植被荒漠化、历史时期沙丘前移入侵等，发生其中任何一种现象，都是荒漠化的表现。

这样说并不全对，实际上，沙漠化是荒漠化的一部分，也就是荒漠化最终的目的。就是荒漠化的这个最终结果——沙漠化，让人们误以为，沙漠化就是荒漠化。

那么沙漠化究竟是不是荒漠化呢？

准确地说，沙漠化指的是狭义的荒漠化，就是指由于人为过度

的经济活动，破坏了原有的生态平衡，让原本不是沙漠的地区变成了沙漠。比如原来肥美的草原，因为人们不停地放牧，草都被牲畜吃光了，失去了植被的保护，草原也就变成了荒地，随之而来的就是不再有任何阻拦的沙漠的入侵。

也就是说，在土地彻底沙漠化之前，那些所有变坏的状态，统统是荒漠化的过程。

荒漠化这家伙是不是很可怕呢？还有更可怕的！

有一个家伙更频繁、更嚣张起来，它就是“谜案第七宗”的沙尘暴！

解读谜案第七宗——沙尘暴

荒漠化的速度有多快？直观地说，每年因为荒漠化导致人类失去的土地，相当于一个爱尔兰大小。

当原本绿色富饶的土地，被荒漠化戕害得寸草皆无；当能阻挡风沙的草原和森林逐渐被荒漠化吞噬，我们也就失去了阻挡沙尘暴的屏障。这就是为什么沙尘暴现如今变得如此嚣张的原因！没错，就是荒漠化助长了沙尘暴的威风。

现在是不是觉得荒漠化真是个可恶的家伙？那就让我们记住：

荒漠化犯罪团伙成员的名单

干旱、盐渍化、草场退化、水土流失、土壤沙化、沙漠化、植被荒漠化、历史时期沙丘前移入侵等。

好好想想，还有没有漏网之鱼了。

解读谜案第八宗——非洲大旱灾

多么简单直接！产生荒漠化的原因，一个是自然因素，另一个正是荒漠化的受害者，或者说受害者之一——人类！

想想那些遭受旱灾的人们舔着干裂的嘴唇，面对颗粒无收的干裂的土地，以及渴死的牲畜……再想想我们前面讲到的因果联系，这些无论如何都跟荒漠化脱不了干系！

没错，荒漠化坑害了人类和动植物，然而它却是人类和自然联手打造出来的。我们无法控制自然因素，可是人类作为原本的受害者，一下站到了被告席上。我们还有资格喊冤吗？

仔细检视人类过往的行为，你会发现，尽管我们不是荒漠化唯一的幕后推手，但无论如何都要承认，我们是这幕后推手的一部分。

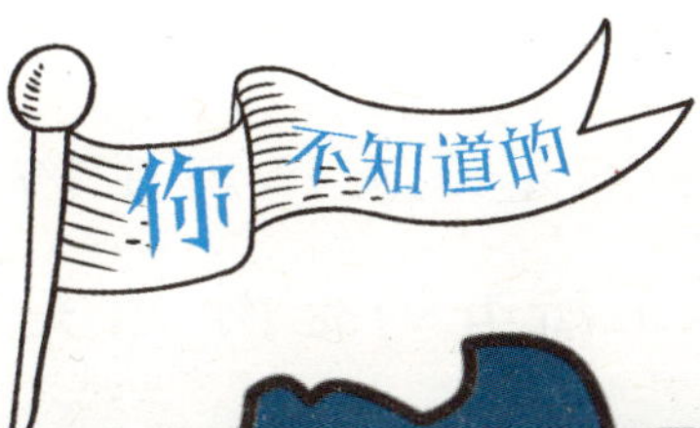

在20世纪80年代，“气候难民”“环境难民”“灾害难民”的名词开始出现在国际专业机构和学者的研究报告之中。经过不断的考察和分析，最后确定，由于全球生态系统严重恶化、土地荒漠化、气候变化、水资源匮乏和地震、飓风等自然灾害因素产生的难民统称为“生态难民”。

地球生物的另类——人

和地球所有生物一样，人类在"幼儿时期"仅仅是依赖自然生存的。比起其他生物，人类的确太聪明了。尽管有些动物也懂得使用简单工具，但比起人类来说，那简直不值得一提。

45亿年前，地球诞生之初，原本是没有任何生物存在的。这就意味着人类和这个星球上所有的生物，都是在一个起跑线上出发的！

聪明的人类

科学家经过研究，认为人类是从类人猿进化来的，据研究，类人猿起源于5 500万年前。最早的人类被确定为200万年前左右，到所谓的"直立人"也是距今170万年或150万年前至二三十万年前了。

姑且我们就望文生义一回，就是说，从类人猿到"站起来"，人类就用了5 000多万年。

好漫长啊！

但是越往后，人类的进步就越快。早期的就不谈了，就说工业革命到现在，才200多年的时间，你再看看人类，发明了火车、轮船，飞机上天，甚至都把人送到太空，来个“太空漫步”，或是送到月亮上“散散步”。

人类真的很了不起，真的太聪明了！

人真的是太聪明了！尽管不如老虎狮子那样凶猛，可是手里却多了老虎狮子们永远害怕的武器。

和动物不同，人类不可能仅仅满足于吃饱不饿。人类的大脑总是有太多的想法。世界上有那么多的资源——应该是取之不尽、用之不竭的。

砍树，盖小房，遮风避雨；砍树，盖大房子，住得舒服；砍树，盖豪华宫殿，寻欢作乐。这还仅仅是一个住的地方，就把森林折腾得够呛。更何况，早期的人类还要砍树、烧火、做饭、取暖等。

卡克鲁亚笔记

近几年，有科学家通过对古化石的研究分析发现，人类有可能是从一种3亿多年前，漫游在海洋中的史前鲨鱼进化而来的。这种棘鱼属的原始鱼类有可能是地球上包括人类在内的所有有颌类脊椎动物的共同祖先。不管我们是否真的从鱼而来，有一个事实是无法改变的，那就是生命起源于水。

哦，这还只是关于树的问题，其他资源也无法逃脱树这样的命运。

世世代代的人们就这样把一棵棵、一片片森林消耗掉了。

看看我们曾经建造的伟大建筑。想想阿房宫那覆盖300里的气势，那些廊檐楼宇，要牺牲多少大树才能铸就那份辉煌。然而项羽一把火就给烧了。

植被破坏→地表裸露

欲壑难填

还记得本书开篇的时候，那则让我们紧锁眉头的新闻吗？现在是揭晓谜底的时候了。

新闻的内容是这样的，某地发现红宝石矿，大批开采者蜂拥而至。

博士保留的另一则更早的新闻标题是“×××等多地为挖宝石而植被尽毁”，还附有很多人在事发地拍下的照片。

这样的新闻，为什么让博士说是有“案子”发生了呢？

滴血宝石

有宝石啊！

卡克鲁亚笔记

在人类有能力介入自然之前(这里的能力是指大范围、大力度的工程活动),山体滑坡多是因为地震、降雨、地表水的冲刷浸泡等自然原因造成的。然而,当人类有大工程能力之后,一种"如虎添翼"的雄心壮志,让人类极少考虑地理的因素,肆无忌惮地开挖坡脚、爆破、水库蓄(泄)水、矿山开采,这些都可能导致山体滑坡。

宝石和黄金一样,在人们的心中就是财富的象征。即便是信息不发达的旧时代,都会吸引大批人前往,就比如本书开篇讲的关于"廷巴克图遍地黄金"的传说,仅仅是个不确定的传说,都会有那么多人冒死前往。更何况现在通信如此发达,消息传递如此快、准,你一定能想象得出会有多少做着发财梦的人,拥进发现宝石的地方。

很疯狂吧?

是不是觉得很贴切。

大面积私挖滥采,甚至有人为挖宝石动用了大型挖掘机。

山体原本覆盖着荒草、灌木和树木,这样的地表可是千百年来形成的一层相对比较结实的保护层。在如此疯狂挖掘后,山体上尽是大大小小挖掘留下的痕迹,保护层的植被全部在劫难逃,真是满目疮痍。这些挖过的地方呈现沙石土质,比较松软,很多小石块裸露出来。你知道这意味着什么吗?

哦，让我想想，没有了植被的保护，土质还被翻腾得乱七八糟，大雨来了，岂不是……

事实的确如此，这些泥土石头会在大雨的冲刷下顺势而下，从而形成泥石流，还会导致地表塌陷。

虽然对宝石的挖掘只是个别地方的个别事件，但这却正好印证了人类贪婪的攫取以及对自然的破坏。不一定是宝石，也可能是森林、煤矿、水源，还可能是所有人类想要的东西。

原本报案者也是案件的受害者，怎么被推上了“被告席”呢？真是让人感叹啊。

反省之余，还是考虑如何将功赎罪吧。毕竟人类是个聪明的物种，都能上太空漫步的人类，当然能发挥我们的聪明才智，跟荒漠化打一场持久漂亮的翻身仗。

沙漠，作为荒漠化的终极目标，有人类之前就有了沙漠，责怪它吗？可它毕竟是先来的，它只是个活泼好动的家伙。原本守护它的那些制约，是人类亲手拆掉

的。我们放出了这个难缠的家伙，让它满世界闯祸，就仿佛触碰到了多米诺骨牌的开关，引起了一系列的连锁反应。但这一切并不像观看骨牌倒下时那样赏心悦目。

你不知道的

很多有宝石矿的地方都是地貌复杂多样的地域，原本就具有极易发生滑坡、崩塌、泥石流等地质灾害的物质条件。这时候，再配合气候变化的活跃，在这种自然条件下，特别是人类为了获取利益，毫不顾忌地伤害自然的行为，让那里原本脆弱的地质环境变得更加不堪一击。

完美沙漠——荒漠化冲刺的终点

沙漠的样子是挺壮观的。倘使荒漠化这个家伙有思想，那它一定很为沙漠的样子而骄傲。想想那些自己蜕变的过程，水土流失、土壤盐渍化、草场退化、土壤沙化，在那些阶段里，它的模样实在是不堪入目。

终于，荒漠化熬过了那所有的“成长”过程，最终“成熟”，成了沙漠。

荒漠化会自豪地说：“这才是我要的完美沙漠！”

是不是你也觉得沙漠是个自恋的家伙。

沙漠的颜色

要认识沙漠，就先从沙漠的颜色说起。

别以为博士在和你开玩笑，沙漠不就是黄色的吗？

不信？那咱们就先去埃及法拉法拉看看。法拉法拉以北45千米有一处“白色沙漠”，那里的沙子就是白色的，和周围的黄色沙漠对比鲜明。

看过了“白色沙漠”，咱们再往东北方向走 100 千米，就来到了一个“黑色沙漠”。这个地区是火山喷发所形成的山地，所以到处都是黑色的小石头。

看起来就仿佛沙漠成了黑色。不过也没有那么黑啊！明明就是棕橙色。

黑白分明的说完了，再让我们到澳大利亚看看那里的辛普森沙漠。

看那一大片鲜艳的红色，因为这里的铁质物质经过长期风化，让沙石穿上了一件氧化铁的外套，一眼望去，阳光下一望无垠的沙漠简直像一团火一样，很是瑰丽哦。

氧化铁？哦——不就是沙子生锈了嘛！

卡克鲁亚笔记

沙子形成的过程，实际是一个“大石头”(岩石)变成“小石头”(沙子)的过程。要是问谁把大石头变成小石头的，那当然是风啊！石头和沙子的区别就是大小不同，直径为0.2~2毫米的岩石碎粒就是沙子。而沙子的颜色，实际上取决于原来岩石的种类，比如刚刚说的红色沙漠，那里原来一定有大量的铁矿石。

鬼斧神工的蘑菇岩石

走在沙漠中,你会看到一个个巨大的蘑菇样的岩石立在那里。那头大脚细的样子,是不是让你感觉它随时都可能倒下去呢。

别再思考了,这一定是哪个闲得无聊的人花工夫凿出来的景观。它的确是凿出来的,但动手的不是人类,而是大自然的魔术师——风。

在上百年、上千年、上万年甚至更长的时间里,风这个魔术师一点点地“精雕细刻”,最后沙漠里就有了这些巨大的蘑菇样的岩石。

这个“精雕细刻”的过程就是所谓的侵蚀。

它是风一点点吹出来的吗?

风才没那么笨呢!它还利用沙砾做“雕刻刀”,先把沙砾吹起来，随着风力的作用对岩石进行打磨。当然，因为沙砾有一点重，吹不了太高，所以，总是岩石的底部被打磨得厉害，最后才成为头重脚轻的样子。

简单地说，被流沙、沙丘覆盖的地区就是沙漠。无论是沙漠的基本单位沙子，还是那些形态各异的沙丘，还是沙漠里那些奇形怪状的岩石，它们无一漏网，都是出自同一魔术师的作品，这个魔术师的名字就是——风。它还真是沙漠的缔造者。

沙漠里的沙丘之所以形态各异，是因为沙子本身的数量不等，形成沙丘的风力和风向也不同。仔细看，它们有的像一弯月亮，有的像星星，还有的像一把利剑。借助风力，它们多数都跑得很快。只有一个是例外，那就是星状沙丘，因为形成它的风是从四面八方吹来的，这就让它定在了原地。此特点让它成了沙漠中罕见的地标。

▶沙丘也是个好动的家伙。一有风吹过它的顶部，它就开始不安分地躁动起来，先是慢慢地移动，随后你一不留神，它就能跑出去好远。不管是人还是其他东西，一旦被卷入其中，后果你慢慢想吧。城镇或者村庄都可能被它吞没。这些可怕的家伙真是不老实，总是不停地运动着，跑着跑着，竟然还会拐弯。

▶沙丘的活动特性也成为众多探险家痴迷沙漠的原因，因为那些移动的沙丘下面很可能埋着古代消失的城堡！沙丘跑过来埋住那些古迹，后来又溜达走了，于是被埋起来的就显露了出来。哈哈，这时候正好赶上一位探险家路过，这位探险家一定会兴奋地跳起来吧。

▶沙丘的走向不是自己想怎么样就怎么样的，实际上，它是跟位于大陆上的副热带高压气团盛行风的走向保持一致的。这也没什么奇怪的，沙丘的成形原本也是靠着风的作用，它当然是随着风这只魔术之手来建立它的形态。

卡克鲁亚笔记

现如今世界上最大的沙漠——撒哈拉沙漠在6 000多年前完全是一个绿色的世界。人们甚至在沙漠中找到了恐龙的化石，你想知道这个大家伙是怎么跑到沙漠里去的吗？没那么神秘，因为在恐龙的时代，沙漠并不是沙漠，而是适合恐龙生活的地方。恐龙生活的环境是什么样的，看看侏罗纪公园，差不多就是那样喽！

沙漠逸事

沙漠里的事情总是我们所无法想象的。

瞧瞧这一天之内的温度，白天热，晚上冷，昼夜温差很大，没亲自感受到的人很难想象。最为人津津乐道的那句话——“早穿皮袄午穿纱，围着火炉吃西瓜”，就是对沙漠昼夜温差大最形象的描述。

不过，这两句话里还隐藏着一个秘密，至于这个秘密的真相，后面会说到的。

▶“煮熟”鸡蛋的地表高温

绝大多数的沙漠地区日照时间都很长，太阳辐射自然就很强。

就连位于南北纬 40°~50°以内的温带沙漠，每年至少也有2 500~3 000 小时以上的日照时间。

位于亚热带的沙漠地区当然更长些。撒哈拉沙漠中部地区年日照甚至达到 4 300 小时以上，堪称是世界日照时数之最了。

如此多的日照，结果就是热量充足，温度在40~50 °C，而受到太阳照射的地表温度自然很高，白天大约有70 °C，这个温度，把鸡蛋埋在沙中，几分钟后，你就有熟鸡蛋吃了。

现在你是不是开始担心我们的鞋会不会化掉了？

讲沙漠降水量的同时，一定要讲蒸发问题。

一个地方即便降水量很大，但气温和蒸发量却很高，失去的水分超过获得的水分，那这里还是干旱的沙漠地带。同样，沙漠并非都是炎热的，例如蒙古高原虽然凉爽，但也有沙漠的降水量很少。无论气温高还是低，降水多还是少，最终还要看失去和得到的比例来决定是否为沙漠。

沙漠里的秘密

帝企鹅

巴西也有沙漠！你说的是那个坐拥世界最大的热带雨林、淡水资源储备占全球30%的巴西吗？不是它，还能是谁？你还能在世界上找出第二个巴西吗？

有一种会“唱歌”的沙子，叫鸣沙。可不是什么“窃窃私语”，这些会“唱歌”的沙子，有时候甚至吵到你都听不清同伴的说话。我国宁夏回族自治区中卫县靠黄河有一个叫鸣沙山的地方，夏季的时候，在此玩滑沙的人便会听到沙子发出雷鸣般的巨响。

小蓝企鹅

冰天雪地的南极竟然也是沙漠！南极有着世界上最极端的气候，那里实在是太冷了，当然很不适合人类居住。说它是沙漠，因为那里非常干燥，年降雨量不足5厘米，但因为它89%的面积都覆盖着冰雪，所以它真称得上最干燥却也是最“潮湿”的“沙漠”。南极还真是沙漠中的

海豹

奇葩了！

沙漠奇观——海市蜃楼

这里真是炎热，你是不是也太渴了，也好累。天啊，快看前面，有绿树，还有湖水！

看来我们找到绿洲了。

累死了……怎么没了？刚刚明明就在前面的。

原来是蜃景，也就是平时说的海市蜃楼。

因为太阳光遇到不同密度的空气就会发生折射现象。沙漠太阳暴晒，地表温度急剧上升，没有风的时候，空气上下层间热量交

换太少，导致沙漠的垂直温差非常大，因为热胀冷缩，所以下层空气的密度比上层空气的密度要小很多。就把远方的景象通过折射的方式传递了过来，就形成了你看到的绿洲假象。

真是让人一下跌落到绝望的景观。

你不知道的

蜃景只会出现在无风或者是风力极其微弱的天气条件下。因为当大风刮起的时候，上下空气层搅和在一起，原来的密度差异自然也就减弱了，光线也就不会出现折射和全反射，所有的幻景自然立刻消失得无影无踪了。

沙漠里的动物

既然讲到沙漠里的生命，那我们就从鱼开始讲起吧。

嘿，别瞪那么大的眼睛，是不是觉得在跟你开玩笑？在如此缺水，都能“煮熟”鸡蛋的沙漠中，那鱼还不成“烤鱼”了！

你还真别不信，跟博士一起来看看，你就知道是怎么回事了。

沙漠里的鱼

的确有一种小鱼生活在沙漠里。有多小呢？也就 2.5~6 厘米长！想必是沙漠中太缺水了，即便有那么点儿水，也还是物以稀为贵。

这稀罕的小鱼叫小沙漠鳉鱼，生活在诺索兰沙漠和莫哈维沙漠中独立的小水塘、小溪和沼泽里。

这些小东西生活的沙漠，也曾经有过一个更加湿润的美好时光——更新世时期，就是冰河期（这是两个地质名词）。

那时候，这些小东西的家园有完整的综合水域系统，它们根本

卡克鲁亚笔记

诺索兰沙漠位于美国和墨西哥边境。从墨西哥的北纬22°的斑加半岛一直延伸到亚利桑那州中部的北纬35°。

不需要为了水这点儿小事担忧。后来由于气候变化，那些连续分布的河水和溪水都干涸了，逐渐地将这些小家伙的种群进化分离了出来。要想延续种群，就必须化整为零，从原来的大面积生存变成相隔很远的一个个独立的种群。只有这样才能生存呀。

当然，这些活到现如今的小家伙，其实也是幸运儿，尽管生存条件艰难，但它们还是顽强地活到了现在。

在这里我要提醒你，由于水分蒸发和盐分积累，这些小鱼所生活的水塘里的盐分竟然高于海水！（哈，烤咸鱼！）

飞行100千米取水的"鸡"

鸡会飞？我们日常看到的鸡的确已经不会飞了，当然，这是一种退化，很久之前，它们应该是会飞的，不然怎么会有翅膀呢！

沙漠里的沙鸡不仅会飞，而且还很能飞。居住在距离水源 50 千米处的沙鸡，总要飞到水源处给孩子取水回来。

一个来回，要飞 100 千米呢！

怎么样？很能飞吧。

作为一家之主，取水这样的大事情，当然是沙鸡爸爸义不容辞的工作。出门前，它总是带着装水的工具。

水桶？

哈哈，要是你能看见一只在空中飞行的沙鸡，翅膀上还挂着两个桶，那一定是卡通片！沙鸡盛水的容器就是它的羽毛。

每次沙鸡爸爸飞到有水的地方，就蓬松起胸前的羽毛，然后浸入水中，饱饱地吸满水，然后再飞回家中，它的孩子们通过吮吸羽毛，就喝到爸爸从大老远带回来的水了。

沙鸡爸爸的样子，有点像妈妈了。

卡克鲁亚笔记

沙鸡，鸠鸽目，沙鸡科，体长 20~44 厘米。一般指沙鸡亚目的 16 种亚洲和非洲荒漠鸟类的统称，也有观点认为沙鸡接近鸻形目鸻科。跟鸽子一样，它们也是终生配偶。这些看起来颜色晦暗，有点像鸽子的家伙，无论是跑起来还是飞起来，都是相当迅速的，多生活在非洲、中东及亚洲的荒漠、半荒漠。

沙漠之舟——骆驼

说到沙漠中的动物，首先被人想起的就是骆驼了。这当然还是因为这种动物和人之间的关系太近了。

在没有越野车的悠长岁月中，生活在沙漠中或者沙漠附近的人们，都是依靠这种动物的帮助来往于沙漠中的。这也是人们称它为“沙漠之舟”的原因。

▶揭秘一

很多人对骆驼有一个错误的认识，就是它能在沙漠中长时间不喝水，是因为它那特别的“背包”（驼峰）中存满了水。其实驼峰是用来储存养分的，而非水分。

骆驼能在沙漠这种特殊的环境中生存得比较“优哉”，原因是综合性的，首先，它那一天中多变的体温，让它在白天高温的情况下储存热量，到了晚上冷的时候再把热量释放出来。

如此一来，它就省下了保持恒定体温所需要的五升水。

通常，它们休息的时候是伸展着身体，而当它们脱水的时候，就会把双腿藏在身体下面，尽可能缩小身体暴露在太阳下的面积。骆驼说："别看我个大，但我可不傻！"

▶ 揭秘二

骆驼的体温在一天中不同时间里的温差能达到 6 ℃。人类的正常体温是 36、7 ℃左右，要是提高 6 ℃，嗯，那就可能去天堂溜达玩耍去了。至于低 6 ℃，已经在天堂了。

骆驼虽然也会出汗，但不会大口喘气。而且它们的肾脏工作效率也非常高。有意思的是，别看它的个头大，膀胱却很小，这意味着它们的尿液也很少。不仅如此，它们的粪便也非常干燥，即便是新鲜的，都能直接烧火做饭了。有多干燥，可想而知。这样一来，它们丢失的水分就要少很多。

骆驼的确有着非凡的耐脱水能力，它能承受身体丢失40%的水分。大多数动物若损失这部分的水分，灵魂就插翅而飞了。

骆驼的身体的确进化得太适合在沙漠生存了。这里说的还仅仅是一部分而已。

▶揭秘三

骆驼的量词用的不是只，也不是头，而是“峰”！当然是因为它背上的大鼓包——驼峰！骆驼的驼峰有单峰的，也有双峰的。单峰驼毛短些，主要生活在北非、西亚以及印度等热带地区，而双峰驼则生活在亚洲中部。

骆驼不仅是身体系统“耐旱”，它还有一个喝水的绝活，能在几分钟内喝掉达到自己体重25%到30%的水！差不多115升，相当于一个体重为80千克的人，几分钟之内喝掉二三十千克的水。当然，骆驼喝这么多的水不是要储存起来以备不时之需，而是因为它真的渴了。那些不喝水的日子，它完全可以从食物中获取足够的水分。

响尾蛇在沙漠中轻盈侧滑

的飘移动作，简直让赛车场高手都甘拜下风。这样的滑行动作可以让身体接触沙漠表面的时间非常短，白天沙漠地表的温度非常高，这样就可以避免它成为一条“烤蛇”了。当然，如此高难度的技巧，白天用用就可以了，到了晚上凉爽的时候，想怎么走就怎么走喽！玩技术的活儿，应该也是挺累的吧。

和别的区域相比而言，沙漠中的生命的确不多，但到了晚上你再仔细看，就会发现那里的动物比白天看起来多了些。这是因为沙漠里的很多动物都是“夜猫子”。原来是白天实在太热了！

你不知道的

世界上竟然有一种被称作“卤虫”的家伙，活蹦乱跳地生活在高盐度的水里。“卤”字的意思不需要解释，听了就知道——够咸！这种卤虫大名叫丰年虾，也是沙漠里的奇异动物。它是海鸥食物链中的重要环节。不过其他水鸟，如鹈鹕、鹭、鸬鹚和燕鸥则对它丝毫不感兴趣，因为这种虾——口味太重！

沙漠里的植物

尽管有白沙、红沙、黑沙的存在，但绝大多数的沙漠还是黄色，黄沙漫天总是沙漠标志性的形容。不过，即便如此，沙漠里竟然还是有一种绿树葱茏的特别地带，那就是绿洲。

别说什么干旱、暴晒，如果没有特殊的东西存在，那这个世界上就不会有"奇迹"和"惊喜"了。

沙漠里的惊喜——绿洲

大自然中的绿色，永远能带给人无限的希望，因为绿色象征着生命。

一直在沙漠中艰苦地行走，忽然看到前面有树，绿的树，还是成片成片的，那兴奋和惊喜，只有走过沙漠的人才能体会到。

不会又是海市蜃楼吧！

这次没有让你从希望到失望再到绝望，因为那真的是——绿洲！

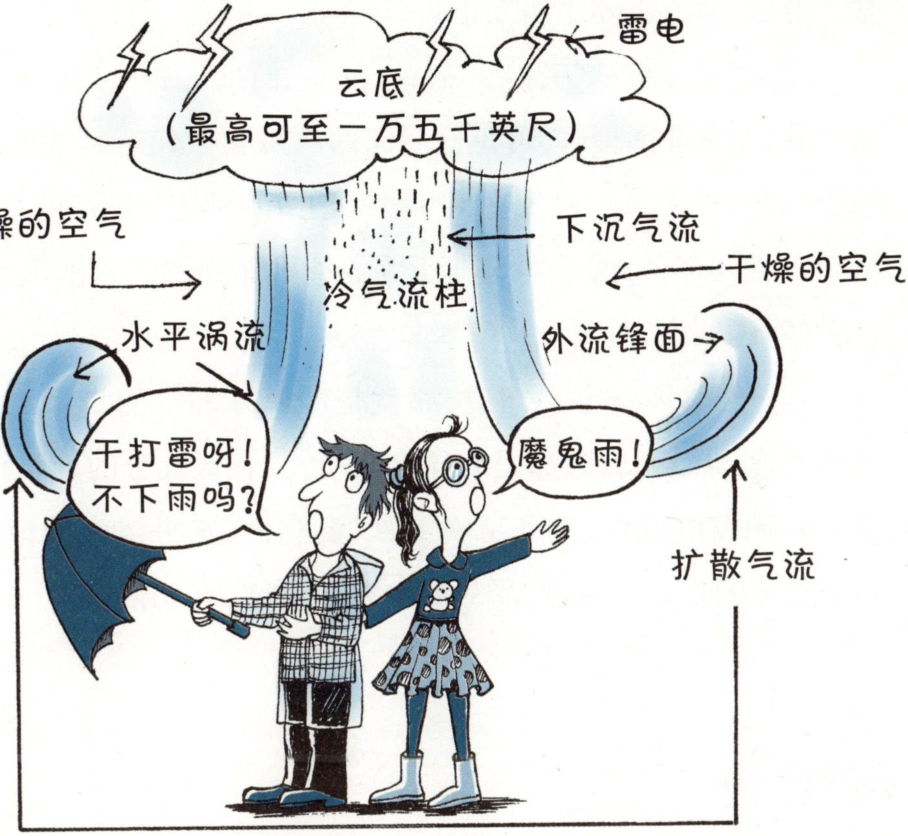

沙漠里那样的气候,怎么会有这样的大片绿色呢?

这里降雨量极少,但是远处的地方是会下雨的。那些雨水渗入底层,与地下水汇合后,就往地下的更低处流去。这个时候,倘使沙漠的下面正好是那个“低处”,因此沙漠下面就有了丰富的水资源。

除了远处“悄悄”过来的雨水,还有夏日里高山上的冰雪融化,顺着山坡流淌,汇聚成河。河水流经沙漠,便渗入沙子里,变成了地下水。

现在就等地壳运动,折断不透水岩层,地下水就冲出地面了。

有了水后，绿色也随之而来了。

那句“早穿皮袄午穿纱，围着火炉吃西瓜”，如果说前半句说的是沙漠，大家都能理解，可是这后面的西瓜又做何解释呢？在酷热的沙漠里，哪里来的西瓜呢？答案就是沙漠里的绿洲产的！新疆的水果之所以有名，就是拜绿洲所赐。想到那甜甜的哈密瓜，是不是口水都流出来了。

有一件事你一定不知道，那就是沙漠绿洲里的水果之所以那么有名，还真就是因为那里的昼夜温差大。白天充分的日照和炎热，水果们积极地成长，而到了晚上，气温降低，水果体内的糖分就得到了充分的积累。哈哈，甜甜的水果就是这么长出来的！

红柳

这葱茏的绿洲，沙漠里的植物也没那么艰难嘛！

沉浸在那一片绿色中出不来了吧！那可是沙漠的特殊地带！要都是那样的“惊喜”，惊喜也就不是惊喜了。其他沙漠中的植物可是真真切切地长在干旱地带的。

沙漠中红柳的个头并不是很高，通常也就 2~3 米，可论起它在沙漠戈壁生存的技巧，可谓是高超。无论是茫茫沙海，还是满是砾石的戈壁，只要有一点点的水，它就能抓住机会发芽生长。

别看它表面看着不高，但它的根却在地下暗暗使劲儿，执着地向下深入到十多米的地方。这才叫“真人不露相”！

不仅如此，红柳侧根的水平分布面积也很广，细根也非常多，这么庞大的根系家族，当然是用来吸取更多的营养和水分。它把自己牢牢地固定在沙漠中，无论多么强大的风，都不可能被吹走。

卡克鲁亚笔记

红柳有一个把枝干变成根的本事。当流沙掩埋了枝干后，红柳就把被埋起来的枝干变成了根须，再从沙子里钻出来，长成一丛丛的细枝，还顽强地开出淡红色的小花，仿佛对沙漠的严酷报以微笑。

红柳的好伙伴、沙漠植被之王——梭梭

有红柳的地方，总是能看到这个叫梭梭的家伙。它们还真是好伙伴。

这个叫梭梭的家伙比红柳更加“好斗”，因为它的抗旱和抗碱能力竟然比红柳还强。所以红柳去不了的地方，它却能去。

靠着超强的抗旱和抗碱的能力，它可以和沙漠恶劣的环境面对面地硬拼。但它也并不是只知道鲁莽硬来的冒失鬼，面对强悍的“敌人”，它也会采取些迂回战术，但却从不逃避。

沙漠的夏季不是高温干旱吗？那我就脱了衣服先歇会儿（枝条

脱落，进入休眠或半休眠状态），这样就可以减少蒸发，更好地保存好难得的水分。你瞧，它是不是很聪明？

总之，在沙漠中，取得生存的权利才是最重要的，完全硬拼有可能牺牲掉自己。能活下去，才是最后的赢家！难怪有人把它称为“沙漠植被之王”！

沙漠钉子户——千岁兰

千岁兰，不仅单株寿命很长，而且早在远古时代，这种植物就已经存在了。虽然只有两片看似从来不掉的叶子，但它依旧存在新陈代谢。在它的叶片根基处有一条生长带，这里的细胞有分生能力，可以不断地产生新的叶片组织，叶片不断生长，而前段的叶片渐渐老去，直至枯死。

虽然它的叶子宽大，但是却生活在非洲的纳米布大沙漠。

生命之树——猴面包树

这是一种看上去仿佛树根长在头顶的树，树上那些足球般大小、甘甜多汁的果实是猴子们的最爱，每到果实成熟的时候，猴子们就会成群结队地前来美餐，因而得名为猴面包树。这种树不仅非洲有，地中海、大西洋以及印度洋上的一些岛屿都能看到姿态各异的猴面包树，而生长在澳洲北部的猴面包树，竟然浑身上下有很多孔。在热带草原生长的这种树，又被誉为“生命之树”，因其树身储

存大量的水，口渴的旅人只要用小刀在树身上挖一个小洞，便会有清泉喷涌而出。

沙漠英雄——胡杨树

胡杨树的生命力好顽强，可是为了生存，竟也委屈了自己的外表。

也不完全是那样。

“生而不死一千年，死而不倒一千年，倒而不朽一千年。”听听这震撼的气势，你能想象这是在描述一棵树吗？你更想不到这树竟然还是长在沙漠里的。

如果你置身于被称为“死亡之海”的塔克拉玛干沙漠，看到一株与命运抗争的胡杨，你就会感叹，它还真是够英雄了。

英雄要有气势，胡杨的个头能长到15~30米。虽然胡杨也属于杨柳科落叶乔木，但它和一般的杨树

不同，能忍受荒漠中干旱、多变的恶劣气候。

胡杨有着超强的沙漠生存本领，它的根可以扎到 20 米以下的地层中吸取地下水，正是这种特殊的本事让它抵抗干旱，深深根植于大地。

而且它的细胞也练就了特殊的机能，不受碱水的伤害，能从含有盐碱的地下水中吸取水分和养料。

你不知道的

胡杨碱除食用外，还可制造肥皂，或用来制革。人们利用胡杨生产碱，一株大胡杨树一年可生产几十斤碱。为了生存，胡杨树竟然长出不同的叶子。大叶子为了吸收阳光，小叶子为了减少水分散失，叶片上还有腊质，确保能锁住每一滴水。

沙漠丰富的资源

沙漠里的资源？

你是不是觉得，你们亲爱的博士要开始讲沙子了？

确实如此，其实沙子也是一种资源。当然，这里要说的可不仅仅是沙子。

首先，就说说大名鼎鼎的石油吧。瞧瞧那些富得流油的阿拉伯王子们，他们的财富当然和他们那里丰富的石油资源有着绝对的关系。

要知道，全世界约四分之一的石油都来自那里的沙漠。

沙漠下为什么会有石油

沧海桑田！

石油其实就是几百万年前动植物死了以后，沉积于岩石以下，构成其身体的有机物质不断分解，在底层不断的挤压下，与泥沙或碳酸质沉淀物等物质混合组成沉积层(石油层)。当然，这需要大量动植物的尸体。

等等，这里可是沙漠啊，哪里来的那么多动植物供你造石油呢？

别忘了，沙漠里还出现过恐龙化石呢！这是因为那个时候，这里还不是沙漠，而是沼泽、森林或大海，当然会有大量的动植物存在了。

看来，还真是沧海桑田的变迁了。

研究表明，石油的生成至少需要200万年的时间，在现今已发

卡克鲁亚笔记

石油的形成需要适合的温度，地质学家把这个温度范围称为“油窗”。温度太高，就成了天然气。而温度太低，气和油都没戏了。虽然世界各地的石油层深度并不相同，但是“典型”的深度为4 000~6 000米。因为石油形成后还会渗透到其他岩层中，实际的油田可能还要浅得多。

现的油藏中，时间最长的达5亿年之久。

由于沉积物不断地堆积加厚，导致温度和压力上升，随着这种过程的不断进行，沉积层变为沉积岩，进而形成沉积盆地，这就为石油的生成提供了基本的地质环境。丰富的源岩、渗透通道和一个可以聚集石油的岩层构造，是形成油田的三个必要条件。

钻石、玻璃、电

哇！难道就是那个闪闪发光的家伙？

没错，就是那个“诱人”的家伙。

在纳米比沙漠，那些总是跑来跑去的沙丘底下，蕴藏着许多钻石。这是因为上千万年以前，火山爆发的强烈热度让岩层中的碳发生了化学变化，温度降下来以后，就形成了钻石。

前面已经提到过很多次了，几千万年前的沙漠和现在的样子很不一样。当然，你看到的闪闪发光的钻石，是经过认真挑选后打磨切割而成的。原始的钻石看起来不过是一块普通的、有一点点透明的石头而已。

钻石看起来非常不起眼。你要是看见了，绝对有可能只把它当成一块破石头给扔掉！

沙漠里不仅仅只有钻石，还有金子、银子、蛋白石、铜、铁等。

另外还有什么资源呢？玻璃，还有盐。

撒哈拉沙漠中有些地方覆盖着大块的黄绿色玻璃，最大的有

差不多足球那么大呢。别把嘴张得那么大，都能塞进去一只足球了。

这没什么稀奇的，仔细想想，沙子和玻璃的成分是二氧化硅。沙漠里有玻璃应该不算稀奇。不过这么大个的玻璃，还是引起了人们的纷纷猜测，人们对不了解的事情总是充满了好奇心。竟然有人说，那是几百万年前掉在地球上的一块巨大的陨石，燃烧坠落时熔化了成百吨的沙子，冷却后就成了玻璃。从沙子和玻璃的关系来看，这个说法倒是很有道理的。

看看，我之前说的“资源沙子”，还真的就是一种资源。

盐，前面也提到了，很多沙漠里干涸的湖泊直接变成盐壳了。沙漠里有盐，没什么奇怪的！还记得“盐渍化”的原理吗？同样，沙漠地下的盐会蒸发出来。

你一定没想到，沙漠里最丰富的资源就是阳光。对，没错，就是你走在沙漠里的时候，最不喜欢的带给你暴晒的家伙——太阳光。暴晒让你不舒服，可是当阳光的照射通过太阳能电池转化成电后，你的手机、电脑、照亮夜晚的电灯，还有工业、农业的用电，这时候，估计你已经爱上这个火热的家伙了吧。而且干净、便宜，用不完！

守住现有阵地

想想之前说到的和没说到的那些沙漠中顽强的植物。我们是不是要好好保护它们，让它们把对付沙漠的本事全部都发挥出来。是时候让它们大显神威了。不过，它们能否各显神通，还要看我们是否给它们机会。

荒漠和干旱这哥俩，简直就是对连体婴儿。从大方面考虑大环境问题的同时，我们每一个人还要从身边小事做起。

在生态环境已经很严重的地方，更是要好好地保护。让原本已经很脆弱的环境得以休养生息。比如对待已经很糟糕的牧场，要禁牧、轮牧、休牧，严格防止"竭泽而渔"的事情发生。

珍惜每一滴水

别说我是老生常谈！

真是个"狡猾的"博士，只是脑子里想想，你就猜到了！不是都说地球是个“水球”吗？地球面积的71%都是被水覆盖着的，而且海平面还在上升。

你尝过海水的滋味吗？又苦又涩，而且喝了不但不能止渴，还会导致身体脱水。地球上有大量的水，但绝大多数是海水。淡水本来就不是那么多，而且还分布不均。这就导致有的地方水很多，但有的地方极度缺水。

曾经到过西北一个缺水的地方，那里喝水都成问题，更别提洗脸刷牙的水了。那里的小孩子，早上起来，排着队站在老师面前。老师手里拿着刷牙缸子，嘴里含一口水，挨个喷在孩子脸上，原来他们是在洗脸。

你是不是想说，这多不卫生啊?!

可那里太缺水了，这是没有办法的办法了。用这种办法洗脸应该是个例，可是缺水却并不是个例啊！连饮用水都成问题的地方，土地有多干旱，想想就知道了。

卡克鲁亚笔记

世界有将近80%的人口受到水荒的威胁，而我国人均淡水量为世界人均淡水量的四分之一，我们是个缺水的国家啊！

看看我们是怎么污染原本就很缺乏的水的吧，不仅不合理利用，甚至还将工业、农业甚至生活垃圾排入水中。

我们能做什么？

从身边小事做起，随手关闭水龙头。洗脸、刷牙的时候，要用脸盆牙杯接水，不让水一直哗哗地流着。用洗衣服、做饭的废水冲厕所。缩短洗澡时间。小件衣服就不必麻烦洗衣机了，随手就洗了。

这些虽然都是小事，但能坚持，也算帮了地球的大忙了。不希望你不是因为怕听博士唠叨，只是说出来应付的哦！

卡克鲁亚笔记

1977年“联合国水事会议”的召开，一个面向全世界的严重事件逐渐引起人们的重视，那就是——水将成为紧随石油危机后的下一个社会危机。1993年确定了每年的3月22日为“世界水日”。记住了，就是我国植树节的十天之后哟！

保住沙漠里的那些生命

沙漠中原有的本色,那些生命,让我们知道了它有它的生态,能不能把适应它的还给它呢?

如果不是刻意破坏,沙漠地区原有的植被在自然循环的过程中,可以对沙地产生更新和自我修复的作用。还是那句话,自然有着自我修复的功能,或许很缓慢,或许赶不上本身损害的周期,但无论如何,我们要给它们一个机会,确保不阻隔它们自身功能的发挥。

就拿前面提到的“沙漠英雄”胡杨来说,内蒙古西北方向靠近甘肃和蒙古国的额济纳旗,世界上仅存的三块被誉为活化石的胡杨林,其中就有一块就在那里。

20 世纪 50 年代初,这里共有胡杨林 75 万亩,但随着气候的变迁和黑河中游地区人口的迅速膨胀,灌溉面积快速增长,黑河水被上游层层截流,流向下游的水量日渐减少,造成胡杨林大批枯死,减少到了 39 万亩。

英雄的胡杨啊!

现存的天然胡杨林除了沿河分布之外,其他多数零零散散,且病腐残多,生存力极差。更为严重的是,生态急剧恶化的黑河下游地区成为我国北方沙尘暴频繁出现的主要发源地。

看到了吧,人类还真是沙尘暴的帮凶了。

现在是不是想看看那些“沙漠英雄”了?

在2000年，国家紧急启动了黑河干流水量跨省区统一调度工作，在位于黑河中游的甘肃张掖地区，沿黑河干流每年分几个时段全线封闭几个取水口，集中下泄到下游。

历经10年，黑河水21次调入额济纳东居延海，终于让胡杨林从39万亩增加到44万亩。

真不容易啊，希望能继续保持，给“沙漠英雄”胡杨一个家。

卡克鲁亚笔记

据植物学家考证，在地球上，现在每天大约有两种植物灭绝。这就是说，25 000~40 000种植物有可能在不到100年内彻底灭绝。如此速度，甚至超过了6 500万年前的那次大规模生物灭绝。6 500万年前，就是白垩纪晚期，全球温度急剧下降，75%~80%的物种灭绝，统治地球1.4万年之久的恐龙时代被终结。如果那次是天灾，那么这次就是人祸。

纠正错误，管住自己

在生态环境已经很严重的地方，更是要好好地保护。让原本已经很脆弱的环境得以休养生息。

对待已经变糟的牧场，要禁牧、轮牧、休牧，杜绝“竭泽而渔”的放牧方式。

生物多样性之父——威尔森·爱德华·奥斯本曾经说过:“砍掉一棵树,失去的绝不仅是一棵树,而是失去已知及未知的生物。”

这句话你能理解吗?砍掉一棵树,周围赖以生存的植物,它负责的土壤,还有那些靠它养活的动物,就都面临危机。由于地球上的物种之间存在复杂的相互作用,一个物种的丧失会导致其他相关物种受到影响,造成连锁反应,从而使整个生态系统受到影响。

如果这还不能让你明白,就举一个非常简单的例子,假如没有了蜜蜂,没有它们授粉,植物就很可能会逐渐消失;没有植物,食草动物会因饥饿而死;没有食草动物,食肉动物要么饿死,要么自相残杀而死。

这样你要是还没有深刻的感受,那再进一步解释一下,假如蜜蜂都没有了,谁为人类赖以生存的庄稼、果树进行授粉呢?没有了庄稼和果树……

好了,知道了,坚决抵制乱砍滥伐!

一说到没饭吃,立

刻就明白了。

向自然索取的时候，人类真是要三思而后行了。

你不知道的

被誉为“地球之肾”的湿地，与森林、海洋并列为全球三大生态系统类型。湿地是水陆相互作用形成的独特生态系统，它们或者是季节性积水，或者常年积水。在这里，有大量喜湿动植物生存，呈现出生物多样性的生态景观，也是人类最重要的生存环境之一。

榜样的力量

人类真的很聪明！既然能把航空器送上天，甚至能登上月球，杀退荒漠这家伙，也是有能力做到的。

荒漠化的确是个难缠的家伙。

有点泄气了？那还是跟我到外面的世界转转，看看那些和这个家伙斗法斗得颇有成效的“榜样”有什么心得。

先看看“沙漠之花”阿联酋是怎么做的。

“沙漠之花”——阿联酋

先看看阿联酋是在什么样的条件下，把自己变成“沙漠之花”的。

这个位于西亚的国家是典型的热带沙漠气候，平均降水量约为100 毫米，而且多集中在 1~2 月。

还真是气候干燥，蒸发量大，降水量少，更严重的是全国 97%以上的土地竟然都是被荒漠和盐碱地覆盖着。就这糟糕的条件，环境学者对此都无可奈何。

但那可是过去时了！现在的阿联酋可是大不相同了，也是都成

"花"了,怎么可能还是老样子呢。

那他们究竟是怎么做的呢?

首要任务就是防沙治沙!

他们在绿化工程上可真是下了大本钱。种树、种树,还是种树。在城市和交通主干线上到处都能看到树的影子。

当然,他们也不是盲目乱种,而是选择抗旱植物,在那么干旱酷热的地方,不抗旱的植物也根本无法成活!

仅这些还不够,必须放出人类聪明的大招——科技!先进的方式,培育出能用叶子吸收空气水分的新树种。

但水从哪里来呢?阿联酋可是号称"水比油贵"的国家!没水,多抗旱的植物也不行啊。

滴灌登场啦!大规模的铺设滴灌管网,充分利用并且不浪费每一滴水;同时兴建海水淡化工厂,保证充足水源;回收生活污水,处理后用于管网灌溉。

看来能解决水的问题,还真是个关键啊。牢记前面说的保证,节水吧!

聪明的阿联酋人并没有停下成为"沙漠之花"的脚步,开始修建人造绿洲，将海水通过水管引入100千米以外的沙漠低洼地带，形成巨大的人工湖，发展海水养殖，并开发许多别具一格的沙漠旅游景区和生态保护区。

强烈要求去旅游，迪拜呀！

阿联酋人如此努力，治理沙漠自然已经见到成效，不仅获得了“沙漠之花”的美誉，最让你想象不到的是，降雨量竟然有了明显的增加！这还真是人的力量影响了自然啊！

卡克鲁亚笔记

滴灌说的是一种节水灌溉方式。一种利用管道直接往根部送水的方式，水的利用率能达到95%。在干旱的地方，这种方式无疑是一种聪明的做法。

阿联酋的治沙成功无不蕴含着人类的智慧，现在让我们再去瞧瞧另一个被称作“花园”的新加坡，看看那里的人们是如何对待水的吧！

新加坡和水

新加坡和荒漠也有关系？

的确，新加坡跟荒漠没什么关系，但是导致荒漠的重大因素是干旱。干旱是什么意思？缺水啊！特别提到新加坡，就是因为那里缺水，学习他们对待水的办法，当然能让我们面对干旱的时候可以从容不迫。

节水，是缺水地方都必须做的事情。学会如何合理地利用水是非常重要的。而新加坡在这方面做的真可谓标杆了。

新加坡是四面环海的一个岛国，总面积仅有 700 平方千米。国土面积小，人口再稠密些，淡水必然缺乏。新加坡政府曾经为了每天 11.4 亿升的耗水量，专门签约从马来西亚购买。

这样的状况，不免会有种被动依赖的感觉。

既然四周都是海水，那就就地取材，来个海水淡化。但这要用高科技，而高技术的成本的确很高。话说回来，要是海水淡化花不了多少钱就能做到，那地球还真的不缺水了。不过尽管成本很高，但毕竟可以保证紧急状态下的用水。

卡克鲁亚笔记

身处赤道，四季如夏，热带雨林气候，一年中降水量都充沛的新加坡居然是个极度缺水的国家，而且还是世界人均淡水资源占有量倒数第二的国家。真是很难想象。

有了应急的海水淡化技术，下面就要尽可能来点“便宜”的了。利用“新生水”，就是“再生水”，再通俗一点，就是废水回收利用。

回收？就是利用那些工业和生活废水。

放心，这些水在通过高科技的过滤消毒之后，完全可以达到饮用水的标准！

你是不是应该去看看自来水龙头关严了没有？还是别浪费水了。

你是担心沦落到用“再生水”吧！大可不必担心，只要技术过关，这种水是绝对可以喝的。你有没有想过，你家里的自来水是从哪里来的？都是江河里的水，那江河里的水什么样，你应该见过的。不经过自来水工厂，你根本不能直接饮用。

有了前两招儿垫底，下面就要利用一下老天了。新加坡属于热带雨林气候，雨水是很丰沛的。问题是怎么留住这些雨水，总不能下雨的时候，大家张着嘴站在雨地里接水喝，或者一下雨，大家就用锅碗瓢盆齐上阵去接水。那点水够干什么的呀。

小盆是不够用的，修个大的！于是全国上下齐心协力，修建蓄水水库和蓄水池。大范围修建蓄水管道，收集雨

水。别说一滴水了，人家是连一滴雨水也不浪费！

如此一来，这个缺水的国家立该就变成拥有一个巨大水库的国家。

以色列

以色列是个货真价实的沙漠中的国家。以色列的地理位置复杂，属于多样性气候，沙漠在整个生态状况中占据主导地位。

如此一来，土地和水都显得格外珍贵。但以色列的农业竟然搞得有声有色，做到了寸土必争。

就在那么贫瘠的土地上，生产出了闻名世界的优质水果蔬菜，还有姹紫嫣红的鲜花。以色列人民可真是活生生地把沙漠变成了绿洲。

说到农业，就离不开水。其实，就以色列的地理环境，还有其他一些原因，那里的水也并不富裕，也不可能富裕。以色列在水的利用方面绝对不输给新加坡，也不输给阿联酋。不管是废水净化，还是滴灌等，在以色列统统能见到。

你不知道的

以色列沙漠化面积约占国土的75%，年平均降水量仅为300多毫米。

我的绿色我做主

前面已经说过了，我们保证不再乱砍滥伐，不再过度放牧，不再过度开垦，还有什么？哦，合理开发矿产资源，合理利用水资源。不再给森林土地那么多的压力了，难道这么做还不够吗？

这些当然是最根本的。但这还不够，你想想，倘若以色列阿联酋、新加坡的人们只是做到了这些，他们会有那样的成就吗？

合理利用还要建立在“有”的基础上！倘若连水都没有，无论你是想合理利用，还是想随便浪费，都是空谈！

这才应了中国那句古话——巧妇难为无米之炊！所以在保证我们人类的行为不再伤害自然的前提下，我们也要主动做些对自然环境有利的事情。

听起来是为环境做的，其实真正得利的还是人类。

哈，你要是能这么想，说明你开窍了。

处理好人类的不正当行为后，就要开始全力以赴地对付荒漠化这个家伙了。

阻击荒漠化的进攻

让我们再重温那些荒漠化“犯罪团伙”的重要成员：干旱，也是荒漠化的基本条件；地表松散物质，这是荒漠化的物质基础；荒漠化的驱动力——大风。

这些都是大自然手中的利器，我们应该怎样利用它们呢？

干旱，我们无法完全控制，即便有人工降雨，但如果一点雨云都没有，那还是“巧妇难为无米之炊”。

我们看看如何从地表物质松散和大风着手吧。

地表物质松散，加上风的配合，肯定是刮得乱七八糟。沙漠是个好动的家伙，借助风的力量，它就能满世界乱跑。而荒漠，尽管有

些还没有达到完全沙漠化的程度，但因为干旱和土地沙化疏松，也是有点风就开始不老实的家伙。

这个一点都不难理解，你可以想一下，往沙土里掺上水，被风吹走的机会就大大减少。

这又是干旱惹的祸。如果能有丰沛的雨水降落在原本荒漠化的地方，改善那里原本的干旱状况，荒漠化的状况就会好转了。

如果你也这样想，那我只能说，醒醒吧，别做梦了？想法是很美好，不过，要是一直等着那丰沛的雨水。想想那非洲大旱，从20世纪60年代到90年代的三次大旱期间，也没等到丰沛的雨水呀。

是不是有点沮丧了？

不用沮丧，看看我们是否有办法先稳住沙土，同时还阻拦住荒漠化的推手——风。

那一定是——种树了！树能抓住土地，也能保护土地，还能阻拦大风，还能减缓雨水对土地的冲击力，还能储水。

自 20 世纪 60 年代末 70 年代出初洲大旱灾后，荒漠化现象引起了全球的关注，1992 年开始，一些世界组织纷纷开会，针对这个问题开展一系列活动，并最终于 1994 年 12 月在联合国大会上通过决议，从 1995 年起，把每年的 6 月 17 日定为“全球防治荒漠化和干旱日”。

防护林的排兵布阵

一听防护林这名字，“防护”，“防”的是谁？沙呀，风呀……“护”的是谁？土地、植物、动物，还有人类。

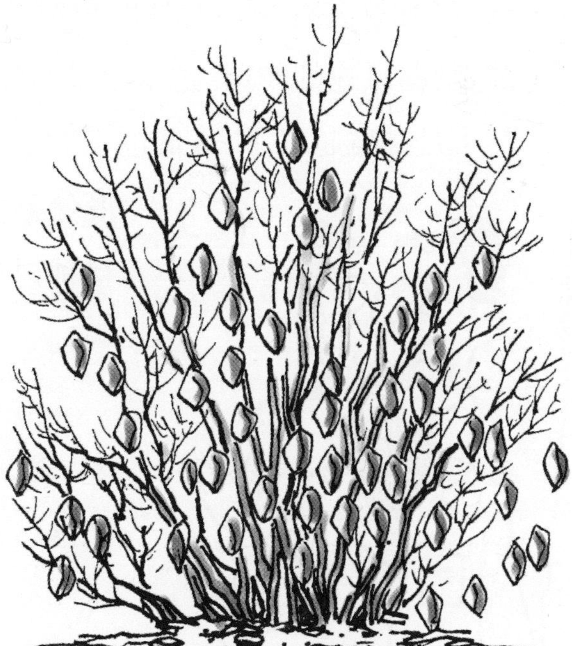

在人类和荒漠化的争夺战中，防护林责无旁贷地站到了前沿。防护林从何而来？当自然繁殖不能及时发挥作用的时候，我们人类

就要主动出手了。

我想你一定不知道的是防护林体系实际分为三个部分:一是封育灌草固沙带;二是防沙林带;三是绿洲内部农业林网及其他有关林种。植物的根系抓牢土地,植物的身躯挡住风沙。

草打前阵

在这场防沙化的战役中,最前沿的"士兵"其实是草。

当然,这些派出去的"士兵"是要有一定数量及规模的,只有草具有一定的高度和覆盖度,才能发挥固沙防蚀、削弱风速的作用。这个地带叫作灌草带,它的宽度自然也是越宽越好了,最低也不能少于 200 米。

既然是要防沙、防风,为什么不直接种树,而是要先种草呢?树多高啊!

恰恰因为树比草高很多,就更容易遭到风的袭击。而这些刚种上的小树苗,根基还不够牢靠，这个时候，要是来上一阵大风，即使没有被连根拔起，也会被吹得东倒西歪，除了夭折，就没有其他的命运了。

而草就不同，草的身形很矮，风来的时候阻力就会很小，被“杀害”的机会也就小很多。草的生命力很顽强，古诗里都说它是“野火烧不尽，春风吹又生”了。与之相对的一句话则是“树大招风”，虽然树苗还是小树，但比起草来，它还是太招风了。

有了这低矮的灌草带做保证，现在就可以安排高个士兵上阵了。即便有了草打前阵，但还是不能直接种高大的树。直接种大个、树干笔直的那种，它还是会容易落得自身难保的下场。

混合兵种齐上阵

“混合兵种”就是所谓的乔木、灌木混杂种植。灌木有一个优势，就是不怕沙子埋。在如此靠近沙漠的地方，必须安排耐沙埋的灌木上阵抗敌。

这些都很容易理解，只要看看自然界中沙漠地区植物的特点，就知道哪些植物适合什么类型的沙漠了。

还有一点需要注意，就是沙丘是个喜欢跑来跑去的家伙，为了防止它跑来捣乱，选择的树种，既要耐沙埋，又要生长得快。长得慢的，还没等到树站稳脚跟，就被突然跑出来玩耍的沙丘给埋住了。

想要恢复自然生态环境，我们最好的老师就是自然本身。这个道理就更简单了，就算沙漠再需要绿树，但倘若你非要把生活在雨水丰沛的雨林植物种在那里，就算你百般呵护，它也活不下来。

有了草冲锋陷阵地固沙，又有了第二道防线那些树的防风沙作用，现在就可以考虑第三道防线的布置了。纵横交错的网格状防护林此时就成了很好的选择。既可以改善内部的底层小气候条件，同时还可以在大风来的时候不会起沙。想象一下网格状防护林下的根系吧，彼此交织，同心协力。

有了这些，现在就可以进一步营造绿洲了。这大概是你早就盼望的了吧。其实这可以借鉴很多好的经验，除了之前说的国外那些经验，还有新疆吐鲁番那里的经验。那里的灌溉技术也是很有历史的，都可以借鉴参考。

像筑起一道防护林地带，挡住风沙，我们是否可以步步为营，一层层地向前递进防护林，这样，沙漠就会被我们逼得逐渐后退了！

理论上是可以的，但这毕竟需要坚持不懈的漫长旅程啊。看看阿联酋和以色列，想想阿联酋的努力，竟然都增加了降雨量，我们

卡克鲁亚笔记

荒漠化在地球上一点都不“孤独”，很多地方都有它的足迹。很多国家都为防沙采取了很多措施。日本政建造了150~250米宽的海岸防护林，面积有五万亩。设置植物沙障固定流沙，形成防护林后再对沙丘内侧开发利用。截止1992年，美国人工防护林带总长度达16万千米，面积达到945万亩。

的努力是有希望的，只要我们不再做对环境不利的事。

有点严肃的“结案陈词”

总之，从大方面来讲，首先，盯住荒漠化那家伙，别给它任何发展机会；其次，挽救“失足者”，尽力扭转已经出现的荒漠化现象；最后，让荒漠化了的土地“活过来”，恢复其 生产力。

防止沙漠化，首先要从维护生态平衡着手，当然还要结合经济效益。利用科学技术，保护好荒漠上的植被，对那些已经被侵害的地方，就要采取多种方法相结合的治理方法。

同时，对于宝贵的水资源要绝对合理利用！在科学地构筑防护林体系的基础上，对农、林、牧之间的用地，要认真考量，科学分配。

多管齐下，解决农牧区的能源问题。

还是那句话，自然无法操控，但人类可以控制自己的行为。我们可是聪明的人类呀！只要我们做得好，气候和自然等因素或许会在潜移默化中被“感动”，哪怕仅仅是一点点。

人类和自然环境不是敌人，不要忘记它对我们的养育之恩。

这么说，怎么感觉人类好像有点“忘恩负义”呢？

应该说，那时候我们太懵懂无知吧。还是那句话，人类和自然环境并不是敌人，我们的关系是一荣俱荣，一损俱损。生态环境的自我修复能力是需要时间的，给它时间，别再逼迫它，同时，我们也帮助它尽快恢复过来。

美好的遐想

假设从古至今，人们每伐一棵树，就种下一棵树，如今还是绿色连片。尽管早知道“前人栽树后人乘凉”的道理，但一说栽树，乘凉，大概想的都是自己家门口吧。

喂喂，有假设的工夫，还是看看该做点什么吧。“前人栽树，后人乘凉”没错，我们现在为地球这个人类和其他生命共同的家园多做点好事，将来我们的后人也可以“乘凉”啊。

这么说是没错，可是怎么感觉我们现在要拼命地为前人做的事来负责呢！

“负责”这个词用得好，说是为前人做的事还债也好，说是为后人造福也罢，我们现在这些夹在前人和后人中间的人，也是承前启后的人，重要的是，我们都要生活在这个星球上。为自己的家园做点事，难道不是应该的嘛！

这时候你最想做的事，是不是想看看天上有没有可“移民”去的星球啊？

还是别做梦了，别说还没有可以去的星球，就是有，要是不思悔改，能去的地方，也会让你给祸害得又想“移民”了。

大漠中的“梦工厂”

距离宁夏回族自治区首府银川30多千米处，有一个叫镇北堡的地方。这个名字是不是觉得毫不起眼，甚至有点土里土气呢？

然而当你来到这个地方，你会被那苍凉、悲壮、雄浑的气势所震撼。这一刻，你可能会有种侠客的感觉，幻想自己就是那头戴斗笠，身着披风，纵马在黄沙中驰骋的大侠。

黄土和黄沙很好地诠释了这里最原始、最奇特的荒凉，让人不由得把这眼前的场景和跨马横刀的侠客那快意恩仇的生活联系在一起。

眼前的这些既陌生又熟悉，陌生是因为你初到此地，熟悉是因为在很多的电影中，你都曾和这里相遇过。

还记得经典武侠片《新龙门客栈》吗？当你来到这里，就会感受到林青霞饰演的女侠正飞马而来，而那长杆挑起，上书四个大字——“龙门客栈”的布旗在风沙中发出“扑啦啦”的低吼，客栈里正聚集着各路人马，酝酿着一场沙暴中的厮杀。

当你继续前行，猛抬头，却看见“盘丝洞”三个大字，这一刻，你是否和《大话西游》中为爱穿越的至尊宝一样感到惊愕？耳边回荡着他一次次的大吼——般若波罗蜜，但每一次穿越，却都没有达成心愿。

镇北堡，真的不是什么时髦的名字，然而它的另外一个名字却是响当当的，那就是——西部影城。

羊圈上崛起的"电影梦工厂"

1961年,在宁夏南梁农场的张贤亮无意间发现了这个地方。他被这里衰而不败的雄浑气势和荒凉而顽强的生命力所震撼。而那个时候,这里有的只是几十个羊圈和一些放羊的人。

在20世纪80年代,张贤亮又来到这里,写出了小说《绿化树》。

或许只有文人才能产生这样的商业念头,那就是在这里成立一个影视基地,通过电影的方式,把这里苍凉壮丽的美景介绍给全世界。对于这个在当时看来很不可能的念头,张贤亮从未放弃过。1982年,由大导演谢晋执导的电影《牧马人》,就是根据他的小说《灵与肉》改编的,而这部电影的拍摄地就是镇北堡。

为什么说只有文人才有这样"古怪"的念头呢?在改革开放初期,整个中国都在日新月异的变化中进行着现代化高楼大厦的建设。即便是今天,镇北堡依旧保持着残旧且奇异的苍凉感,如果当时非要哪个开发商来建设这里,且不说这里的环境恶劣,即便愿意来,大概也只是会想着盖多少高楼,建多少商城吧。当然,这样的想法根本不可行,因为身处西部内陆的这里,远不适合沿海地区的这种开发模式。

把这里的景色保留原样,开发成一个和艺术相关的影视基地,既成就了当地的经济,又保持了原有的风貌,现在看来还真是个和现实完美结合的奇思妙想。

现如今的镇北堡西部影视城,已经成为全中国三大影视外景基地之一,在这里诞生了百余部优秀影视作品,很多现如今大名鼎鼎的演员，就是从这里开启他们的艺术之门的。

在此拍摄的电影《红高粱》荣获了第三十八届柏林国际电影节金熊奖，在让世界记住了中国电影的同时，也让全世界见识到中国西部那特有的广袤、苍凉和坚韧。

谁能想到，如今被冠以“中国一绝”的西部影视城，几十年前，也就是个到处羊圈，遍地羊粪蛋儿的地方呢？

昔日的军事要塞

传说明朝的时候，守边的参将韩玉准备在贺兰山这一带修建军事城堡。

古时候的人，每有大事，总会想知道吉利与否。就连老百姓盖房、修墓都要请风水先生来看看是否吉利，更何况是建城堡这样的大事呢。

没有例外，参将韩玉也请来了一位风水先生，走遍四周，看看哪里适合建城堡。一番观察后，风水先生选定了镇北堡这

个地方，并说这里有卧龙怀珠之势，还有一条龙脉延伸下来。

“龙脉”意味着什么？在中国古代，只要和龙扯上关系，就意味着和“皇帝”有关。听闻此言，韩玉大喜，遂决定在此修建城堡。

怎么样？是否听出点端倪来了？如果实有其事，那这韩玉可是动了谋朝篡位的念头了。若无此念，又怎么会对“龙脉”有所觊觎呢？还是对风水先生的那句——“此处将来必出帝王将相”动心了吧！

哈哈，这还真应了拿破仑的那句话——“不想当将军的士兵不是好士兵”，而这时候已经是将军的韩玉，应该把这句话换成“不想做皇帝的将军不是好将军”。

当然这些都是戏言的推测，至于有没有这个传说，我们就只当听一个好玩的故事吧。不过的确，此后就有了镇北堡这个地方。

这座建于明代弘治年间的古堡，在当地俗称为老堡，在当时就是军事要塞的兵营。不过在清朝乾隆年间，一场地震将其摧毁。后来为了防御外族的乘虚而入，清朝在距离老堡 200 多米的地方，又建起了一座比老堡大一点点的土城堡，这座城堡被当地人叫作新堡。

无论是老堡还是新堡，在建设墙体的过程中都没有用到一砖一瓦，而完全是就地取材，用的都是黄土夯筑而成。“夯”这个字，现在的年轻人大概都不是很熟悉，或许当你来到西北偏远的农村还会见到这样的土墙，设计好建墙的位置，用木板固定出墙体的宽度，在中间放入黄土，然后一下一下地砸实，就这么一层层地砸出一堵墙来。

这种建造围墙和屋墙的方法，在有黄土的地方非常适合，因为黄土具有非常好的直立性和黏度，想想为什么只有在西北有那么多窑洞，就明白这其中的原因了。窑洞，正是人们利用黄土的山体，挖掘建造出的独特住宅。

清朝灭亡后，这两座古堡自然也就陷于荒凉了。昔日的金戈铁马，都被尘封在了历史中。军事要塞也都沦为了羊圈。如果没有后来的西部影视城，镇北堡真的就被人们遗忘在了那片粗犷而荒凉的大漠之中了。

不可否认，正是张贤亮在 20 世纪 80 年代，把镇北堡介绍给电影界之后，引来了一些摄制组在这里拍摄外景，让这片充满情怀的废墟开始受到世人的瞩目，最后，终于在 1993 年，这里成了一个影视基地。

电影是一个造梦的事业，那些充满了悲情和豪情的电影，让很多人实现了在现实中无法实现的梦想。镇北堡让我们看到，美原来还可以如此古朴，如此沧桑，如此神秘，如此坚韧。一个毫不花哨的简单黄色调，就把我们带入了丰富的遐想之中。这就是自然的魅力。

小刀客的大魄力

这是一个看似情节简单的故事，你甚至可以认为这是一部“小众电影”。但是这样的评定，在那些对武侠片有着独到见解的人看来，会很不以为然。

这部电影里的确没有很多的打斗情节，有的只是人性的展现，还有出刀迅速的一招致命。

中国西部，一个不知道何年何月的时代，漫天黄沙中，一个绑腿上插着两把木片刀，穿着破衣烂衫的小男孩骑马来到这个叫双旗镇的地方。这个叫孩哥的小男孩来到这里，只为了实现父亲的遗愿，带走父亲给定下的娃娃亲小姑娘好妹。

好妹的父亲是个瘸子，尽管早年间曾和孩哥的父亲定下过婚约，但是面对这么个衣衫褴褛的小破孩，无论是他，还是女儿好妹都实在无法接受，倔强的好妹更是表现出了极度的不屑和抗拒。无奈孩哥只好留下来，在准岳父瘸子的小店里当上了小伙计。

也不是倔强的好妹势利眼，你想啊，一个十几岁的小孩儿，虽然总是带着两把木片刀，但任谁也只能认定，那只是个小孩子装刀客的小把戏。何况失去了唯一亲人的孩哥，又是上无片瓦遮风挡雨，身无分文糊口，有谁愿意嫁给这么个小不点呢？

然而逐渐相处下来后，善良的瘸子父女对同样善良的孩哥有了好感，而且发现小小的孩哥其实还真是刀法了得呢。

朴实的人嫁女儿图的当然就是靠得住，在这个所谓刀客和土匪遍地的是非之地，漂亮的小姑娘能赶紧有个归宿，也算是了了当爹的心愿。终于，瘸子和好妹接受了孩哥，好妹最终嫁给了孩哥。

兵荒马乱的时代，普通百姓想过上安稳日子，特别是家里还有一个漂亮女孩，简直就是妄想。当来店里喝酒的土匪二当家要羞辱好妹

的时候,孩哥为了保护好妹,出手杀死了这个家伙。这也惹下了大祸,因为这个流氓背后可是土匪大当家一刀仙呢。熟悉一刀仙的镇上人明白,照一刀仙的作风,三日之内,必来报仇。情急之下,孩哥他们想到找一个叫沙里飞的刀客前来应战。

带着钱的孩哥找到了沙里飞。乐呵呵的沙里飞掂着钱袋子,十分豪爽地答应下来。然而到了决战之日,沙里飞却没有出现。

黄沙滚滚中,一队人骑马而来,众人簇拥之下,中间那位就是土匪的大当家一刀仙。而在空荡荡、弥漫着黄色尘雾的街道这头,则是孤零零的孩哥。能想象一个小男孩面对这个阵势有多么恐惧吗?

镇上的人都躲在门后观望着街上的动静。此时那些善良的人,还有孩哥,多么希望那个豪爽地掂着钱袋子,信誓旦旦答应一定会来的沙里飞出现啊!然而,他没有来!

无奈,老实的瘸子尽管恐惧,还是挪着瘸腿走向一刀仙,希望替孩哥求情。没有意外,瘸子死在了一刀仙的刀下。接着又有看不下去的善良百姓走出来,想上去求情,结果下场都和瘸子一样。

此时的孩哥心底里一定是被激怒到了极点。人在绝境之下,再恐惧也只能向前了。眼泪和颤抖的手,一个孩子的孤独无助,在无辜者的鲜血中凝聚起了绝望的勇气。颤抖的手就在刀柄附近,快,是刀客的制胜法宝,在镜头特写中,那颤抖的手无疑给了观者以极强的压迫感。

随着你都没机会看清的寒光一闪,在一刀仙最后的佩服中,孩哥完成了对自己和好妹,还有镇上那些善良人的拯救。

双旗镇已经无法让两个苦命的孩子再继续生活下去了,两个孩子骑在马上，踏上了离乡背井的路途。在路上，他们碰到了那个有着一张“大嘴巴”，依旧用豪爽的口气讲着大话的沙里飞，但此时的孩哥不需要再听什么“侠之豪言”，双旗镇在他们的背影里成了一个遥远的过去。

这部诞生于沙漠中的电影叫《双旗镇刀客》。

1991 年上映的《双旗镇刀客》，无论是和之前还是和之后的武侠电影相比，都有着很大的差别。在导演何平看来，这部电影就是他之后拍摄的电影《天地英雄》的一次“拮据”中的实验。在后者中，他依旧延续了西部蛮荒所展现出来的浪漫主义的英雄色彩。而《双旗镇刀客》在上映当年，荣获了中国电影金鸡奖最佳美术奖，第二年，在东京电影节获得国际惊险与科幻电影节最佳影片大奖。

《双旗镇刀客》由于经费紧张，在西影厂老导演吴天明的建议下，导演何平翻出了仓库里的过期胶片，坚持把电影拍摄完成。那个时候还没有监视器，没办法知道拍摄的效果，只能一边拍一边洗胶片，然后再拿到县城里电影院里放映看效果。如果不这样做，一旦胶片真的不能用，那就等于白白浪费了那么多的人力和物力。

在有了合适的剧本之后，在导演何平的心中，一定要找到这个他心中的双旗镇。如果没有一个这样的地方，他宁可放弃拍摄计划。可想而知的是连胶片都用了过期的，哪里来的搭建摄影棚的钱呢。于是，导演何平及一行人开着一辆北京吉普，沿着兰新公路一路寻找，终于在很多沙丘中找到了一座完整的古城遗址，夕阳的余晖中，这里就是他心中的双旗镇。

你不知道的是对于主演孩哥的寻找，导演也是颇费了些工夫。尽管影片中孩哥的打戏极少，但是一个练武之人，平时的一举一动都是有特点的，是装不出来的。最后，在北京师范学院见到了一个看上去十五岁左右的男孩，个子不高，黑黑的皮肤、雪白的牙齿、明亮的眼睛，老师介绍这个孩子名叫高伟，是全国少年刀术冠军，他就是后来电影中的孩哥。

你不知道的

周星驰曾经在一次电影的拍摄中反复考量，都给不出故事一个适合的结尾，最后他就把这部《双旗镇刀客》找来，反复地观看，终于获得了灵感，想到了满意的点子。周星驰的这部电影就是《国产凌凌漆》。如果只能用一个字来形容《双旗镇刀客》，那就是“酷”，而且还是不着痕迹的朴实的“酷”。

撒哈拉正午觅食记

一只饥肠辘辘的棘趾蜥静静地守候在炎热的沙漠地表，它已经整整守候了一上午的时间，但它所守候的猎物却始终没有离开巢穴的意思。

时间临近正午时分，撒哈拉沙漠上空的骄阳就像一团火。尽管时不时会有两个小触须出现在巢穴口，但巢穴里的小家伙们可不是傻子，它们知道外面有个“庞然大物”，正时刻准备着把它们当成“盘中餐”。

你饿？我也饿，但再饿，我也不想给别人当食物。

周围一片寂静炎热，仿佛都能听到太阳炙烤着沙子发出的爆裂声。现在在这炎热的地表，这只等待食物的蜥蜴成了唯一的坚守者。尽管它也算足够耐热，还是无法抵抗撒哈拉正午的太阳的毒辣，它不想让自己变成一只“烤蜥蜴”，最好的办法还是赶紧撤退。

巢穴里的小家伙们立刻知道了敌人的离开。只有在这个骄阳炙烤的正午，才是它们最安全的出行时间，因为只有在这个时候，它们的敌人才会因为耐不住炎热而躲到了地下。

定位和速度

跑出巢穴的它们迅速地旋转着转圈，它们必须记住太阳的角度，也必须记住每一次的转向，还有每一次的足迹，因为它们必须以极其精确的定位来记住当前的位置，还有巢穴的位置。即便是这个世界上最耐热的家伙之一，它们还是扛不住正午撒哈拉上空阳光的长时间暴晒，在这超过 70 ℃的地表，它们只有不到 10 分钟的时间暴露在骄阳中。花时间进行精确的定位，其实正是为了争取时间和生存的一种手段，因为一旦迷路，它们就会被“烤”死在没有一丝阴凉的炎热沙漠中。

现在，它们开始以每秒 0.7 米的速度快速爬行，寻找着它们的“食物”。每秒 0.7 米的速度是个什么概念？就是每小时约 2.5 千米。

你是不是觉得，这有什么大不了的？不过你要知道，它们的身长也就几毫米，最大也就十毫米。小小的身体，再配上这样的速度，

让它们看起来仿佛是黄沙中流动着的一个小小的银色水滴。

撒哈拉的正午时分，无疑是这里一天中最热的时候，总是有一些家伙抵不过炽热的骄阳，在飞行中“坠机”于沙中。很快这些小家伙找到了一只不幸中暑、仰面朝天于黄沙中、蹬着腿、有着两只大大的复眼的“大家伙”。于是几个小家伙合伙揪住这个尚在垂死挣扎的不幸中暑者，连拖带拉，迅速踏上归途。

没有时间可浪费，尽管离开巢穴只有几分钟，但它们的体温已经开始直逼它们能承受的最高温度——53 ℃了。一旦到了这个极限，它们的生命就将走向尽头。

饥饿还是死亡

几分钟的时间足以让它们毙命，它们极速地朝着巢穴的方向飞奔，然而有些同伴已经坚持不住了，在如火的骄阳中，佝偻着身躯倒在了炽热的黄沙中。没有同伴停下来看它，同伴们匆匆的身影迅速闪过它的身边，只有一个方向，那就是巢穴。

然而时间似乎真的来不及了，这些小家伙似乎已经想放弃这个被“逮到”的猎物。或许卸个胳膊、卸个腿更能方便带回去？

没时间考虑耽搁，这些沙漠中的银色“快闪族”，最终还是带着它们的猎物，在被太阳和地表的双重炎热烤死之前回到了巢穴。沙漠中只留下了那只死去的小伙伴的尸体，证明着刚刚那用生命挑战自然的短短几分钟的寻找食物的极速奔走的确发生过。

撒哈拉银蚁

这些小家伙的名字叫撒哈拉银蚁，它们是这个世界上已知的最耐热的昆虫之一。即便它们是撒哈拉中最坚强、最了不起的居住者，在这骄阳似火的正午时分，也只能在这滚烫的地表待上短短几分钟。

这些挑战自然极限的小东西不仅耐热，而且速度也极快。刚刚也说过，它们每秒的移动速度可达 0.7 米。按照这个速度，如果它们和人长得一样大，那它们每小时的移动速度将达到 450 千米。

怎么样?还敢小瞧它们的速度吗?如果人类有这样的速度,大概所有的交通工具都可以放假休息了。

耐热和速度应该是撒哈拉银蚁能在这个最严酷的环境下来生存的秘密武器吧。这些穿着“银色外套”的小家伙,以它们顽强而旺盛的生命力,再一次向人类展示了大自然的奇迹。

耐热的秘密

撒哈拉沙漠对于人类来说，即便是前去挑战，也会选择一些“溜边”的路线，如果不借助现代交通工具，也只能是望“沙”兴叹的份儿。

小小的撒哈拉银蚁不会理解，为什么会有人对它们的生活能力感兴趣，如果它们有思想，它们会认为这就是它们的生活，没有什么了不起的。但正是自然界中这些在人类看来超出人类能力的生存本领，激发出人类的灵感，不断改变着人类的生存状态。这就是仿生学的由来和意义。

在对撒哈拉银蚁的研究中，科学家们发现，这些小家伙的身上有着一种奇特的毛，这些位于身体上面和两侧的毛的截面呈三角形，而贴近身体的就是那个光滑面，另两面朝向外面且表面还有波纹形态。这些毛逐渐变细后形成一个尖端，都以相同的方向覆盖住撒哈拉银蚁的身体。这些毛发能很好地反

射不同角度射来的可见光，甚至还能反射近红外光。

如果角度刚刚好，这些覆盖在撒哈拉银蚁身上的毛，甚至能将所有的光统统反射掉，这就让它们拥有了极好的耐热力。换而言之，这些小家伙拥有的是一种散热的能力，正是这种散热的能力，确保它们的身体在一定的时间内，抵抗住了撒哈拉正午的烈日。

倘若让这些小家伙脱去这身银色的“毛外套”，撒哈拉恐怕就再无它们的立锥之地了。

你不知道的

科学家们研究撒哈拉银蚁耐热的本领，当然是想向它们学习如何降温。如果能找到廉价的原材料，再拥有相应的工艺，就可以开发出优良的散热涂层。如果能拥有这种技术，就可以让建筑物、车辆甚至衣物等都自行降温。

勇敢者的游戏

有这样一项赛车赛事，路途漫长而险峻，中途甚至要穿越浩瀚的撒哈拉沙漠，虽然组委会给出了路线图，但那仅是一个方向的表示，而在实际的行驶中，要么翻越沙丘，要么在荒原上颠簸。想走真正的路吗？对不起，这里没有。可以这么说，每个参赛选手都是自己的“开路先锋”。

能想象无论朝哪个方向看，都是望不到头的沙漠中，你将如何决定自己的方向？如果没有指南针，你甚至根本不知道自己究竟偏离方向有多远。

或许你会说，现在不是有GPS全球定位系统吗？是的，现如今，GPS也走进了这项赛事，但是为了考验领航员的判断能力，在整个赛程中还是规定了某些赛段只能用指南针，而绝不允许使用GPS。

这项一路上险象环生的赛事，就是达喀尔拉力赛。

遇险催生出的冒险

“对于参加的人来说，意味着挑战。对于没参加的人来说，这是一个梦想。”

说这句话的是一个叫泽利·萨宾的法国人。而他口中的这个“挑战和梦想”，就是由他本人发起创建的达喀尔拉力赛。

这一现在早已闻名世界，并有着几亿拥护者，一路上充满了冒险色彩的越野拉力赛，竟然缘起自一次遇险经历。

泽利·萨宾出生于一个富裕家庭，用当今流行的话讲，好歹也算是个富二代吧。然而这个富二代对舒适悠闲的生活毫无兴趣，相反，却对艰苦和冒险的赛车情有独钟。

1977 年，萨宾参加了阿比让—尼斯的拉力赛，这是一个从非洲国家科特迪瓦首都阿比让到法国南部城市尼斯之间的赛事，行程约 10 000 千米。非洲大地极其特殊的地貌让这个赛事充满了惊险。途中，萨宾在利比亚境内的沙漠中迷失方向，在濒临绝境之际，幸运地获救了。

此次经历非但没有让萨宾萌生退意，反而被非洲撒哈拉沙漠雄壮的自然气势激起了心中的斗志。正是此次遇险让他产生了一个念头，要让全世界勇敢的人们走进这荒远无常的大漠，让人们身临其境地感受挑战自然的冒险。

用萨宾的话说，我可以带你一起去敲击冒险之门，但打开这扇向命运挑战之门的是你自己。（另译为：打开冒险之门的是你自己，如果你愿意，我可以带你一起去。）

别看那时候的萨宾才28岁，但是对于自己的这个想法却毫不动摇，并迅速展开具体的行动。从招募工作人员到寻求赞助者，还有随后的制定比赛规则以及测量具体路线，他无不亲自上阵。虽然一切都是从零开始，但是谁敢说“零”不是一切行动的起点呢？

在以萨宾为首的一群人的努力下，巴黎—达喀尔拉力赛于第二年正式拉开了序幕。自此，除了2008年，因非洲当地安全问题而取消赛事，每年的一月份，达喀尔拉力赛都如期举行，将一场充满惊险刺激和艰辛的长途赛事呈现给世界。

作为这个世界上最具危险性，也是最艰苦的拉力赛，几乎每年都会有人为此献出生命。然而这所有的牺牲中，最让人印象深刻的，莫过于萨宾的意外丧生。

1986年，萨宾和以往一样，到现场对比赛进行勘察，然而他乘坐的飞机却坠落了，机上人员全部遇难。萨宾为他所奉献出全部热情的赛事献出了生命。这样的结局仿佛预示着，他将永远守护着他

倾尽全部所创办的这一举世闻名的赛事，时刻注视着那些被他引领进挑战命运和意志之门的人，是如何战胜险境，赢得自我的。

严苛的赛规

由于达喀尔拉力赛的大部分赛段设在热带沙漠里，车手一路上险情时常发生。而在这些赛段中，马拉松赛段无疑是对参赛者的一个巨大的考验。在这个赛段里，车手必须全天驾驶，不可以在中途停歇，更严格的是，也不允许有补给和维修队跟着。如此严苛的赛规，让很多名将都在此段折戟沉沙。

即便不是马拉松赛段，组委会也对车手每天吃什么、吃多少、有多长的休息时间进行了严格的规定。参赛者每人每天只能吃几个三明治，喝几瓶矿泉水。如果你想偷吃偷喝，别说是否担心被抓到，即便有机会，你也没那个闲工夫啊，有那个时间还能多跑一段路呢。如果你是车手，这样的艰苦环境都扛下来了，难不成还会为偷吃偷喝耽误时间吗？

至于如何同后方取得联系，就只能等到了休息区，想办法自己解决。当然，每个休息区之间的距离都很远，话费也不会便宜。对那些时刻沉迷于手机的人，这里可不适合。不会给你在苦到熬不住的时候，找妈妈哭鼻子的机会。何况即便给你机会，在浩瀚的沙漠里，是否有信号呢？

对那些没有做好充分的技术、身体、心理甚至物力准备的人，达喀尔拉力赛真的只能是电视机前的梦想了。别说参赛，如果没准备好，恐怕连到现场当观众的资格都没有。

自掏腰包的艰险历程

如果你以为能让这么多勇敢的人，为之冒着生命危险参与的赛事，一定有着高额的奖金，那你就错了。

事实上，每场冠军的奖金只有 4 500 美元，从这点来看，让人们踊跃于这场冒险赛事的肯定不是钱。而且组委会并不为车手提供维修站，赛事中，每个参赛者都要自己配备给养，以及运送给养的人员、技术人员。这些都是需要自掏腰包的，而且绝对不是有限的资金可以解决的。

由于拉力赛的主要赛段地形险峻，加之非洲当地气候恶

劣，车手只身根本无法跑完全程，参赛者必须有一支训练有素的补给和维修车队做坚强的后盾，才有可能应付各种意外情况。

除了自付昂贵的费用，参赛者还必须面对整个赛事过程那异常艰苦的条件。想想在白天经历了 40 ℃的高温后，晚上还要忍受跌到零下的寒冷。或许你生长在东北，觉得这样的低温还算不上严寒，深夜的户外可不像温暖的室内那么舒服。更何况这巨大的昼夜温差，也是对人生理的一个挑战。

这还不算什么，如果在距离维修点很远的地方发生赛车故障，参赛者就要自己想办法解决，所以很多车手都要掌握修理技术。

最可怕的状况莫过于在漫长而险恶的环境中迷路了，那就要面临断油和断粮的境况，甚至不得不放弃比赛，更甚至可能付出生命。

虽然这项赛事叫作拉力赛，但事实上，这项赛事的路途多是远离公路，加上遥远的路程，实际就是一场耐力赛。途中险恶复杂的地形远比普通的拉力赛艰难得多。这样的难度，参赛的赛车也是真正的越野车，而非改装车。途中从沙丘到泥浆，从草丛到岩石，都是必然经历的挑战。

赛车在行驶中，被落差巨大的地面颠簸并抛向空中的场面时常发生。还有赛车在沙漠中疾驶而过，后面拖行着长长的飞沙“龙尾”。这样的场景，即便你没有身在车中，也能感受到那份惊心动魄，就更别提那些惨烈的事故镜头了。

没错，这就是一次挑战车手耐力、体力和毅力的险峻旅程。有的时候，因为路途险恶，每天只能走上几千米，当然，几百千米也是常有的事情。

壮观的维修区

在观看惊险赛事的过程中，达喀尔拉力赛上的维修区域也是值得一看的壮观景象。

在比赛过程中，因为路程的特殊性，维修队并不像，也无法像WRC（世界拉力锦标赛）那样能通过一般的公路，提前到达指定的区域等待赛车的到来。所以每个车队就必须包下专机，携带着所有的配件和给养，也包括维修人员，提前飞抵由组委会设置的简易机场，等候赛车的到来。

当看到几十架涂满各种车队标志的飞机停在那里，而赛车则各自集中到和自己同样标志的飞机机翼下面，或维修，或补给的时候，那场景就仿佛是小鸟依偎在大鸟的羽翼下休息一般，煞是有趣，也给紧张的赛事平添了一丝想象的温馨。

紧张、危险、刺激过后，能够安全抵达这里，这一刻，至少能有片刻的放松吧。

达喀尔拉力赛的整个比赛过程采取的是间隔发车的方法，尽管赛段有十几个，但因为总体路程遥远，每一个赛段依旧显得很漫长。这也就让起跑时原本间隔开来的摩托车、小型车辆以及大卡车有了一个并驾齐驱的机会。每当这个时候，就能看到一个宏大的，

且各种车辆混杂着集体狂飙的场面。

达喀尔的悲情

伴随着激情澎湃的激烈赛事，每一年都会有人因达喀尔拉力赛付出生命。这其中，从参赛选手到工作人员，从前来采访的记者到满怀热情的观众，甚至还有路人。

尽管是一场长途的越野拉力赛，但在赛事过程中，那些让人付

出生命的原因，却不仅仅只是赛车事故。

2007年，摩托车组的车手奥比约克斯在第十四赛段，距离终点仅15千米的地方，因突发心脏病过世。2009年，法国摩托车选手帕斯卡·特里在第四赛段，因肺水肿引发心脏病过世。

如果说上面这两位的猝死还是因为艰苦赛事导致的健康问题，那么下面这些人则完全死于和比赛不相关的原因。

1981年赛事期间，一名记者和三名技师遇刺身亡。1983年，法国摩托车手皮内乌在机场遭到杀害。1990年，同样是一名法国车手遭遇枪击后身亡，而一名芬兰记者则遭遇事故身亡。1996年赛事期间，还是一名法国车手在第五赛段因踩上地雷，被炸身亡。

而2011年，一名工人在搭建拉力赛营地的时候，不幸触电身亡。在这些和车无关的死亡中，还包括1986年和创办人萨宾一同坠机的几人。

除了这些，更多在赛事中离世者的死亡原因，都是激烈艰苦的赛事以及极速狂飙的车轮。

然而即便是存在着死亡的威胁，也丝毫无法阻挡那些勇敢者历险的脚步，达喀尔拉力赛依旧迎接着无数渴望冒险的人，加入到这场赛事当中，实践着心中的梦想。

从"巴黎—达喀尔拉力赛"到"达喀尔拉力赛"

达喀尔拉力赛最初叫巴黎—达喀尔拉力赛。在正式开赛十年间，起点都在巴黎，终点则为位于非洲最西端的塞内加尔首都达喀尔。但此后的赛程路途，每年都略有更改，起点终点也开始发生变化，如 1992 年赛事起点为巴黎，终点则为南非的开普敦。1994 年是从巴黎出发到达喀尔再返回巴黎。1997 年则是从达喀尔出发，以非洲的尼日利亚为折回点再返回达喀尔。2000 年更是首创从达喀尔出发，跑到埃及开罗结束。

随着比赛路线越来越多样化，由于不再局限于从巴黎出发，比赛的名称也逐渐从“巴黎—达喀尔拉力赛”改为“达喀尔拉力赛”。

尽管路线时常变动，但是达喀尔拉力赛的比赛精神却始终不曾改变。这项充分展现人类挑战自然险境的勇气，有着惊心动魄比赛过程的赛事，还将不断地给被它吸引的人们带来更多激动人心的场面。

没有“达喀尔”的“达喀尔拉力赛”

2008 年 1 月 4 日，就在当年达喀尔拉力赛开赛的前一天，赛事组委会突然宣布停止本届比赛，原因是在不久前，也就是 2007 年的圣诞期间，几名在毛里塔尼亚旅游的欧洲人遇害身亡。考虑到非洲当地的安全问题，组委会决定停赛。

尽管此前因为安全问题，有过部分赛段被临时取消的事情发生，但像这样全部停赛的事情还是第一次。这次的停赛事件，也就成了自有达喀尔拉力赛以来的第一大事件。

因为无法保证继续在非洲比赛是否安全，赛事组委会决定，达喀尔拉力赛撤出非洲，在 2009 年正式移师南美洲的阿根廷和智利，此后达喀尔拉力赛就成了没有达喀尔的一项赛事。

你不知道的

德国女车手克里恩·施密特，在 2001 年的达喀尔拉力赛上，驾驶着三菱的帕杰罗赛车，一举拿下汽车组的总冠军。尽管她并不是达喀尔历史上唯一的女车手，但她却是唯一的女冠军，她的成绩超过很多男选手，到 2007 赛季为止，她先后四次登上达喀尔拉力赛的领奖台。